粮油市场报

"中国粮油书系"编辑委员会

主　任｜邱清龙
副主任｜陶玉德
委　员｜邱清龙　陶玉德　刘新寰　姚大英
　　　　徐劲松　李　平　裴会永　郭清保

主　编｜陶玉德
副主编｜刘新寰　裴会永

《百家说粮》
编　纂　任　敏　白　俐

《赢在五谷》
编　纂　王　娜

《农经观察》
编　纂　石金功

《水煮粮史》
编　纂　王丽芳

《粮战演义》
编　纂　王丽芳

LIANGZHAN YANYI

粮战演义
（上）

主　编　陶玉德
副主编　刘新寰　裴会永
编　纂　王丽芳

河南大学出版社
HENAN UNIVERSITY PRESS
·郑州·

图书在版编目（CIP）数据

粮战演义．上／陶玉德主编．— 郑州：河南大学出版社，2018.1
ISBN 978-7-5649-3210-7

Ⅰ．①粮… Ⅱ．①陶… Ⅲ．①战争史－中国－古代－通俗读物 Ⅳ．①E291-49

中国版本图书馆CIP数据核字（2018）第025567号

责任编辑　柳　涛　姚占伟

责任校对　李　慧

封面设计　王　勃

出版发行	河南大学出版社
	地址：郑州市郑东新区商务外环中华大厦2401号　邮　编：450046
	电话：0371-86059712（高等教育与职业教育出版分社）
	0371-86059701（营销部）
	网址：www.hupress.com
印　刷	开封日报社印务中心
版　次	2018年3月第1版
开　本	710mm×1000mm　1/16
字　数	233千字

印　次　2018年3月第1次印刷
印　张　14
定　价　35.00元

（本书如有印装质量问题，请与河南大学出版社联系调换）

总　　序

广阔天地大有文章

一晃就是六个春秋。历经六年多时间的沉积,"中国粮油书系"第二卷与大家见面了。

从种植、流通到加工、消费,围绕这一主题,单学科、单作物品类的图书并不少见,但对粮食经济全面的关注却曾是"被遗忘的角落"。2011年由《粮油市场报》策划出品的"中国粮油书系"第一卷面市,填补了这片空白。书系的亮相在业内外引起热烈反响,并于次年再版。

六年风雨跌宕,六年硕果累累。这六年间,中国粮食持续丰产丰收,粮食科研成果捷报频传,粮食产业经济新风扑面,种植结构调整全面铺开,粮食市场化改革破冰前行,水土污染治理突破瓶颈……一项项发轫于田间的"经验"强势绽放,一批批期待已久的"深改"渐次落地,之前被视为"硬骨头"的诸多难题得以有效解决。中国粮食人将责任扛在肩上,撸起袖子加油干,深耕细作不放松,在时代接力中不断实现自我超越,不仅为新常态下稳增长、调结构、促改革、惠民生奠定了重要基础,而且让世界多国分享了中国五谷的芳香,为世界粮食安全提供了中国智慧和中国路径。

成就来之不易、可喜可赞,但我们也清醒地看到国内粮食"三高"叠加,多重矛盾交织,农业供给侧结构性矛盾仍然突出,谁来种、怎样种之困仍未化解,各种不确定性、不平衡性问题依然存在。特别是随着人口的增长、生活水平的提高、城镇化的推进,人们对粮食生产和"舌尖上的安全"提出了新的更高要求。守住、管好"天下粮仓"任重道远,需要时刻绷紧这根弦。

作为中国粮油行业唯一的报纸,《粮油市场报》自1985年创刊以来,始终肩负"为耕者谋利、为食者造福"的使命,以笔为犁深耕南北热土,以纸为简承载五谷波澜。无论是传递"三农"领域睿见卓识的大家声音，还是解码粮农企业家非同一般的匠心力量，无论是梳理粮食产业转型发展的探索与创新，还是探秘中华农耕文化的底蕴与传承，我们都始终围绕五谷做文章，与行业同呼吸共奋进。在记录与见证中国粮食经济发展变革的过程中，我们看到许许多多的收获和欢欣，也遇见许许多多的困难与挫折。我们深知，只有沉下去深度感知中国粮食经济的优势与劣势、历史与现实，才能更真切地读懂中国农业，才能更深刻地理解"饭碗论""底线论""红线论"的科学内涵，才能有力助推中国粮食更深层次、更高质量"满足人民日益增长的美好生活需要"，阔步迈进新时代。因此，对于这块土地开出的思想之花、结出的实践之果，我们倍加珍惜，再次精心梳理、结集出版，希望以此为更多涉农、涉粮工作者提供与时俱进、更接地气的系统启迪与思考。

"中国粮油书系"第二卷由《百家说粮》《赢在五谷》《农经观察》《水煮粮史》《粮战演义》组成，其中《水煮粮史》为上下两册，《粮战演义》分上中下三册，全书共5套8册，涵盖专家观点、创业故事、三农观察、粮史解读、粮食文化等内容。书系第二卷聚焦近几年中国粮食发展脉络、探讨未来发展趋势，以新闻视角呈现新常态下中国粮食经济的一个侧面和缩影；同时也从一些独特视角重新认识华夏粮食文化的源远流长、博大精深，以粮史故事鉴古知今。

本书系的出版凝聚着所有《粮油市场报》人的智慧和付出，更饱含着诸多领导、专家、学者特别是报社主管单位领导的心血和汗水。在采访、报道和编撰过程中，业内许多权威机构和来自一线的粮农工作者热情献策、悉心答疑，给予无私帮助，这份深情与厚爱我们铭记于心。在行文过程中，我们参考了一些专家学者的专著或论点，摘录了相关媒体记者的报道资料，他们深邃的思想、精彩的论述为文章增彩颇多，在此一并表示诚挚的谢意！

虽致力尽善尽美，但受能力和学识所限，且鉴于部分文章为报道选编，书系中难免存在片面性、资料老化或其他瑕疵，恳望读者朋友谅解和指正。

谁知岁丰歉，实系国安危。新时代的扉页已经打开，让我们携手，在新发展理念的指引下砥砺奋进，在勤勉的耕耘中把握未来。

前　言

粮食作利器，是一种说不出的痛

翻开中国古代战争史，透过刀光剑影和阵阵厮杀，我们看到的是一队队粮车、一座座粮仓；透过历史名将的赫赫战功，我们看到的是一粒粒金灿灿的粮食。无疑，粮食对战争起着支撑和保障作用：如果没有商鞅变法提升的巨大生产力和关中平原的千里沃野，秦统一六国可能无从实现；如果没有"广积粮"和大兴屯田的战略，朱元璋要从元末群雄中迅速崛起，或是无稽之谈。

同时，战争对粮食生产又具有巨大的破坏力。隋炀帝三征高句丽，全国农田荒芜，饿殍遍野，怨声四起，以致强盛一时的隋王朝一夜垮塌。李自成三围开封，城内断粮，杀人炊骨，百万居民饿死者竟达数十万。原来，人类史上最厉害的战争利器竟是粮食！2500年前，孙武写了影响世界的《孙子兵法》。在他看来，强大的武力是用来防止战争的，而非发动战争，因为战争带来饥荒，饥荒是最大的灾难。

传统史料对战争的记述，重在统帅的谋略、将领的武功以及战争的经过等，而对于发挥着基础作用的粮食，则往往是一笔带过，甚至只字不提。本书通过150余篇"粮史"作品，重现了周至清末3000余年的诸多战争故事：或介绍战争中的粮食筹备、供应保障，或突显粮食对战争的决定作用，或描述百姓饱受的战乱之苦……作者以基本史实为依据，兼以演义写法，以期尽可能全面地还原历史，从粮食的角度重新审视当年的战争。

《粮战演义》历时6年，国家粮食局科学研究院副处长、高级工程师姚磊，陕西省宝鸡市粮食局王宝琦，鲁迅故里著名文化学者、老粮食人朱晓平等主要执笔者在这个特殊的战场上叱咤风云，在全力做好本职工作的同时，多少个寂寂之夜博览群书、挑灯夜战，多少个酷暑严寒行走遗址、对话千年。

以古为鉴，砥砺前行。希望这些"粮史"作品，能引起大家的共鸣，并对认识今天的粮食安全问题提供镜鉴。

编者

目 录

第一章　战国篇
Diyizhang　zhanguopian

韩征粮要兵，苏代巧舌解周君之忧……………………………003
先粮后名，秦惠王征蜀扩疆助霸业……………………………006
粮权必握：秦晋大战换来的教训…………………………………010
赵襄子储粮守城破晋阳之围………………………………………014
齐王建厚粟薄略埋下祸根…………………………………………018
对峙粮绝，华元诚威并行迫楚退兵………………………………021

第二章　秦汉篇
Dierzhang　qinhanpian

桓惠王"疲秦计"令秦川尽成沃野………………………………027
粮道被断，赵40万大军折戟长平…………………………………032
项羽破釜沉舟　秦军无粮自乱……………………………………035
殷墟立约　只为粮草………………………………………………038
萧何慧眼　治粟都尉成韩大将军…………………………………042
谋士出大略　刘邦夺蜀获粮得天下………………………………046

卫青赵信城得粮大获全胜……………………………………050
周亚夫善纳"粮"谏平定七王叛乱……………………………054
赵充国屯田戍边保国安………………………………………058
王霸：欲速战速决说明粮草不足……………………………062
征讨赤眉军，邓禹备尝粮食甘苦……………………………066
屯田修耕支撑曹操克定天下…………………………………069
粮为筹码，吕布辕门射戟救刘备……………………………072
官渡之战：曹操火烧粮草定中原……………………………075
缺粮，诸葛亮难行伐魏之谋…………………………………079
王基：先积粮后言兵…………………………………………082

第三章　魏晋南北朝
Disanzhang weijinnanbeichao

征西灭蜀，魏国粮定天下……………………………………089
被逼造反，苏峻夺粮放火攻建康……………………………092
平叛苏峻，温峤、陶侃也做粮食文章………………………095
魏储军粮，幸有邓艾《济河论》……………………………099
仰仗张宾"粮策"石勒邺城大捷……………………………102
骄横不纳"粮"谏　石虎两次伐燕两次兵败………………105
桓温：常胜将军难为无粮之仗………………………………109
苻坚重粮攻荥阳　王猛灭燕用粮官…………………………112
刘裕灭后秦　粮食立头功……………………………………116
收复北部宋地，檀道济备尝缺粮苦…………………………120
打仗打的就是粮食……………………………………………124
萧衍重粮，运筹帷幄定乾坤…………………………………127
陈霸先"霸"粮败齐建陈国…………………………………130
周齐大战：谋略万变不离粮食………………………………134

第四章 隋唐篇
Disizhang suitangpian

缺粮，突厥抗隋失败走向分裂	139
粮足兵精，隋文帝一统天下	143
粮运艰难，隋百万远征军兵败辽东	147
断粮谋反，杨玄感一意孤行全军覆没	151
占三大粮仓，瓦岗军成反隋劲旅	155
宇文化及缺粮少谋兵败黎阳	158
瓦岗军：成也粮食，败也粮食	162
平陇右，李唐大做耗粮文章	166
惜粮拒赈，李轨决策失误亡大凉	170
断敌粮道，李世民千里追敌收复河东	173
粮为先，李世民一战克双雄	177
囤粮平东突厥 唐太宗成"天可汗"	181
平塞北，裴行俭"粮"策连连	184
远征，20万唐军挑战极限灭高昌	188
渡海屯田 大唐完胜确立东亚格局	192
大非川截粮，吐蕃一跃成唐西部强邻	196
断粮惨守：张巡睢阳守卫战气吞山河	200
缺粮少兵，唐德宗贸然削藩引战乱	204
削藩粮尽兵钝 晚唐藩镇割据	207
粮源不稳，黄巢败亡在所难免	211

中国粮油书系第二卷之
粮战演义（上）——第一章

战国篇

Diyizhang
Zhanguopian

韩征粮要兵，苏代巧舌解周君之忧

□ 姚 磊

> 各路诸侯混战，虽然各国公认周是天子之国，名义上尊重周，但是周已没有文王时代的所向披靡——它已经沦为一种象征。在这样恶劣的环境下苟延残喘的周国只能以智慧求得一小块生存空间，于是谋士应运而生了。而他们的智慧谋略始终围绕着粮食安全和供应，因为粮食是各国实力的风向标。

* * *

时下，《楚汉传奇》正在荧屏上热播，大戏满足了今人的胃口，更把我们的思绪带到了2000多年前冷兵器时代的滚滚烽烟之中。这里，咱不跟电视抢风头，咱先讲讲秦之前的战国时代。

那时，各路诸侯混战，虽然各国公认周是天子之国，名义上尊重周，但是周已没有文王时代的所向披靡——它已经沦为一种象征。在这样恶劣的环境下苟延残喘的周国只能以智慧求得一小块生存空间，于是谋士应运而生了。而他们的智慧谋略始终围绕着粮食安全和供应，因为粮食是各国实力的风向标，是影响军队战斗力的关键因素。

/ 苏代出山 /

大约公元前300年，楚国派兵攻打韩国的雍氏（河南省泌阳县一带）。

楚国毕竟经营多年，军事发达，军队战斗力相对较强，也算是战国七雄之一。而韩国国土面积小，战略纵深浅，因此与楚国开战5个月后，已感到力不从心。因此，韩王向周征兵调粮。周君心里很害怕，因为周虽为天子之国，但是地小人少，军队实力也相对较弱，在战国时代犹如在"鸡蛋上跳舞"，哪家也得罪不起，而且自己也不希望卷入诸侯战争。因此，周君叫苏代来商量一下。

见到苏代，周君眉头凝重，把自己的忧虑告诉了他。苏代听完周君的话语后，反而嘴角露出一丝笑意。周君疑惑地看着他，苏代胸有成竹地说："韩国的要求没有什么大不了的，您不用担心，要淡定。"周君说："韩国都已经到家门口了，我怎么淡定？"苏代慢悠悠地对周君说："君上，不用担心，我自有妙计，不仅能够说服韩国不向您征粮要兵，而且还能让韩国把高都城还给您，您看怎么样？"周君十分疑惑，因为他知道，在当时的情况下，楚国雄踞南方，军事强悍，对周是步步紧逼，不仅索要城池，更是借助周的绥靖政策，大肆攻打韩国，对各国土地的胃口越来越大。而对韩国的要求也不能直接拒绝，虽然韩国兵力比楚国弱，但毕竟周距离韩国太近了。如果按照目前的情况看，苏代的建议有点天方夜谭。于是，周君反问道："苏先生，您真的有把握吗？""君上放心，我有十分的把握。"苏代信心满满地对周君说。第二天，苏代乘车离开周国。临行前，周君到城门外送苏代，对他说："先生保重，一路艰险，请多加小心。如果事成，我甘愿请您治理国家。如果不成，周国还有余粮，能够应付韩国一时。"苏代双手抱拳，跪地叩拜周君："请君上放心，必定成功。"一阵狂风卷起一阵沙尘，风沙撕扯着周君的衣袍，随从赶忙上前为他披好，但周君浑然不觉，只是望着苏代车辙远去的方向，忧思良久。

/ 巧舌如簧 /

苏代到了韩国，见到韩国的相国公仲。公仲以为苏代是来说征粮调兵之事的，因此喜出望外，亲自从门口将苏代接进府上。

未等公仲说话，苏代开门见山地说："公仲，您对楚国的军事计划有没有了解？"公仲一脸疑惑地说："没听说有什么计划啊，就是他们加大了军事压力。周君何时给我们粮食与士兵啊？这不是为了我们，而是为了周君教训楚国呀。"苏代摇摇头说："仲公，您有所不知，我听说楚国的谋士昭应对楚君说，韩国目前已经抵抗了4个多月了，目前他们的消耗很大，仓库里的粮食基本吃光，虽然现在军队士气旺盛，但是要不了多久，他们的军队就没有粮食供应了，到时候要不了一个月的时间，韩国必定被拿下。"公仲面露诧异，因为韩国已经支撑4个月了，人员、车马、运输都要人，要人干活就得给其供应粮食，而连续几个月的战争又要征兵，而且还要民夫，粮食生产又因此受到影响，这个就是他最担心的问题。苏代继续说："您要是向周君借兵征粮，这不就应验了昭应的判断了吗？这样，楚国必定增加兵力围攻雍氏，到时候真的是没有办法了。据我所知，昭应开始就对楚王打了保票，保证一定在一个月内拿下雍氏，但是已经4个月过去了，楚国的军队也要粮食供应，即使楚国储藏的稻谷能够供应军队在外打仗，估计也消耗得差不多了，现在就是最关键的时候，成败就看这一段时间了。"

/ 大功告成 /

公仲连连点头，苏代直接说到了他的心坎里了：经过连续作战，韩国两三年积累的粮食基本吃光了，而且韩国不想向楚国妥协，因为妥协了就要割地，本来韩国的土地质量不高，好的耕地距离楚国不远，而楚国必要好地啊。但公仲不想直接承认，说："我派的使者已经出发了，怎么办？"苏代看到公仲已经同意不再借兵要粮了，心中窃喜，第一个目的已经达到了！于是乘胜追击，说："要不您把高都也给我们，这样对你们更有利。"公仲瞪圆了眼睛，说："我们不打算要粮食和士兵就算了，你们怎么还敢要高都？"苏代不慌不忙地说："您把高都给我们，势必让已经和周国许约的秦国大失所望，他们一定认为周君倒向韩国，因此用一个高都换来一个周国，您觉得合算吗？"公仲咬着嘴唇，十指紧握，嘴角挤出一句话："就这样，同意给你们高都。"苏代高高兴兴地回到了周国，这时楚国也从雍氏撤兵了。

先粮后名，秦惠王征蜀扩疆助霸业

□ 姚 磊

在诸侯纷争的时代，战略的选择就是胜利的选择，而稳定的粮食供应就是胜利的保证。

* * *

时下，举国上下最热门的话题就是关于"雾霾"及空气质量的问题，这让我想到了有雾都之称的重庆。

曾几何时，雾都的"雾"是极干净的，对人体健康是不会造成危害的，重庆人也因此而生得滋润而白皙。而现在，那个滋润山城的雾已经少之又少，同这个字联结在一起的是"霾"，而且还绵延到了大半个中国。可见，环境治理刻不容缓！言归正传。今天咱们说的这场战争就发生在天府之国四川，对战双方分别是秦国和蜀国。在诸侯列国相攻互伐时，偏安西侧的秦国逐渐强盛起来。它通过对形势的判断，励精图治，内部变法，外扩疆土，取得战略先机，为日后吞并六国、统一华夏奠定了基础。然而这一切的开始，由一场与粮食有关的讨论开始。

/ 打韩还是攻蜀，秦惠王很纠结 /

时值秦国惠王当政时代。他是秦国中期的开明君主，可以说胸怀大略，广纳贤才。因此，当时很多有真才实学的文士武将投奔秦国，为秦国今后的霸业奠定了坚实的人才基础。当年，张仪从楚国落魄而出，向西辗转到达秦国。因他师从鬼谷子，得到兵法、纵横之术，从而得到了秦惠王的赏识，得以在其门下侍奉，当作客卿出谋划策，并与司马错同朝为官。

苴国和蜀国因为领土问题相互攻击。蜀国考虑到如果从长江出剑门求助于楚国，楚国必然通过长江到达蜀国境内，而且"请神容易送神难"。蜀国虽与秦国隔山而望，但是山高路难，相对安全，因此蜀国决定求助于秦国。谁料秦惠王却打算借这个机会发兵攻占蜀国。就在此时，韩国发兵入侵秦国。摆在秦王面前的选择题让他十分纠结，想了许久也没有结果。于是，秦惠王叫来司马错和张仪，商讨对策。

/ 扩疆还是要名，司马错得王心 /

秦惠王让两人坐下，对他们说："韩国直接发兵攻打我们，我觉得应先击退韩国，然后再攻打蜀国。但这样可能错失进入蜀国的机会，对秦国不利，因为取蜀对我们扩大疆土十分有利。但如果现在立刻出兵讨伐蜀国，我怕韩国会偷袭我们。该怎么办？"张仪说："应该直接攻打韩国，通过与魏国、楚国交好，将我们的军队布置在什谷口，魏国和楚国作战略配合，我们直接攻打新城、宜阳，然后就可以对周施以压力，不仅能够击退韩国，到时候周国的宝鼎就是我们的。而蜀国是西面的小国，文化落后，我们兴兵讨伐也得不到什么名声，即使我们得到了土地，对我们也没有太大作用。我听说过这样一句话，臣子在朝野上争夺的是名分，在市场上争夺的是利益。现在周朝的天下就是市场的利益，您不去征伐，却要去讨伐蜀国，这不太像要成就霸业的思路吧。"秦惠王低下头，捻了捻手指，微微点了下头，但是立即又把眉头皱了起来，转过脸看了看大将军司马错，问道："将军，您怎么看？"司马错思考了一会儿，挺直身子，对大家说："我觉得话不能这样说。我认为，如果要让国家富裕起来，必须扩大国家的疆土；如果要使军队的战斗力强大，必须先让人民富裕起来；如果要称霸天下，务必要积累自己的德行。当国家疆域广阔了，人民富裕了，德行让天下人晓得了，成就霸业就是水到渠成的事情了。现在秦国土地面积小，粮食产量少，因此我们最好先做容易做到并且能够获得最大利益的事情，扩大我们的粮食生产能力。您看，蜀国虽然在西面，但它是西戎最大的国家，而且现在又有内乱，我们如果讨伐的话，对我们最有利。我们秦国军队虽然不是最强的，但是攻打蜀国就像驱赶羊群一样，还是绰绰有余的。我们得到蜀国的土地后，秦国版图将扩大，而且通过蜀地的耕种，能使秦国富强起来，打这场仗我们也不会有什么损失。再说，我们攻打一个小国也不会惹其他人注意，平定暴乱又是师出有名，我们得到的将是更大的好处。如果我们攻打韩国，并且向周天子索要宝鼎，这个可是要背负罪恶之名的，实际上各国都想要。如果我们先拿到了，必定遭到其他国家的嫉恨。如果我们打完韩国，再威胁周天子，周天子必定联合东面的齐国，再给南面的楚国和北面的魏国许诺土地。这些国家都是唯利是图的，没有哪个国家能够协助我们，不攻打我们就是好事，因此我们真的很危险。我建议还是讨伐蜀国，要实惠的。"秦惠王一拍大腿，说："就按你说的办！"

/ 征蜀大捷，丰粮强国助推霸业 /

就这样，司马错的一番疆土为重、丰粮强国的论调使秦国大军挥师天府，秦国的霸业战幕由此拉开。

瞧！这个秦惠王还真采纳了司马错的"师出有名"之说，实质上是想霸战人家的疆土，通过蜀地的耕种富国强民，偏偏还要找个侵略人家的由头——平定蜀国内乱。这事闹的，蜀国原指望秦国能助其攻苴，未曾想引狼入室。

那么，讨伐大军由谁当头呢？秦惠王脑子里闪现的全是司马错的影子，好，就司马错，当然也不能少了张仪，有不同意见指挥作战下命令会更慎重。虽然"蜀道难，难于上青天"，但秦国大军依靠计谋和充足的军事准备抵达了蜀国。战鼓擂，烽烟起，小小蜀国到底打不过秦国的金戈铁马。几个月后，蜀国彻底被征服，其国土归秦。

捷报传来，秦惠王那个高兴啊，他当即下令军队就地开荒垦殖，还增兵前往助耕。

地广人稀的蜀国，土地肥沃，水源充足，物产丰富。秦兵在此耕种，粮食连年丰收，秦惠王成就霸业的后顾之忧解除了。因为粮食丰足，秦国索性在蜀地修建仓房。这样既有了战略纵深，又可顺长江直达楚国，占尽地利。随着秦国在蜀地的不断经营，其物质条件日益丰厚，蜀地的粮食产量很快赶上汉中平原的产量，这奠定了秦国后期继续吞并六国的物质基础。因此，可以说这次攻打蜀国是秦国战略上的重大转折。

粮权必握：秦晋大战换来的教训

□ 姚 磊

2000多年前，由借粮引发的秦晋大战得出了一点教训：粮权必握。2000多年后的今天，国家的粮食安全同样必须掌握在自己手中。因为粮食是国家命脉，是一个国家安全的底线，没有粮食的自给就没有国家的独立，没有充足的粮食供应就没有发展的动力。

能成大事者必有远大的理想，秦缪公（春秋五霸之一，也称秦穆公）就是有着远大政治抱负的人。在多年的治理和征战中，他身体力行，勤勤恳恳，带领秦国走上了强盛的康庄大道。殊不知，仁德的穆公也曾因借粮引发过战争。令人欣慰的是，好心终得好报。

/ 借粮救晋以得民心 /

秦国与晋国相邻。在秦穆公的支持下，夷吾回到晋国，成为晋国国君，即晋惠公。加之穆公的妻子是夷吾的姐姐，在秦穆公的努力下实现了历史上有名的"秦晋之好"。穆公当政第12个年头时，夷吾已继位6年。当时晋国大旱，很多地方颗粒无收，国民生活难以为继。而秦国在关中以西，虽然地理条件稍差一些，但是风调雨顺，获得丰收。因此，晋国希望秦国能够借给他们粮食，以解燃眉之急。

因为给一个国家输送粮食，且动辄上万石，需动用负责运输、交通、监管、库房的一些人员。而且在当时，粮食绝对是国家的战略物资，所以借粮与否上升到了保障国家安全的高度，借与不借秦穆公就非常有必要与谋士们商议商议了。

秦穆公叫来丕豹、百里奚、公孙支等征求意见。丕豹对秦穆公说："晋国要粮食，说明晋国国内已经没有粮食了。没有粮食的国家非常虚弱，人民闹饥荒，军队也就没有战斗力，这个时候如果攻打他们，对秦国是最有利的。"秦穆公抿了抿嘴，又问公孙支。公孙支说："耕地种粮是靠天吃饭的事情，粮食丰歉无常，说不定哪天我们秦国就会受灾，因此建议还是给粮食吧。"因为丕豹是从晋国逃出来的，他的父亲因为联合秦国颠覆晋国而被诛杀，因此对晋国有怨恨。抛开这层恩怨，他的建议也有一定的道理。若直接给晋国粮食对秦国也是有风险的：秦国地处关中西部，粮食产量有限，要借粮给晋就得动储备粮，且要耗费大量的人力物力。这也是秦穆公最纠结的地方。秦穆公看了看谋士，百里奚还没说话，他虽然很少说话，但是思路缜密，又有谋略，他的意见一定具有建设性。秦穆公随即问百里奚道："先生您的意见如何？"百里奚若有所思地说："夷吾做了对不起丕家的事情，但是晋国的人民没有对不起丕家。"百里奚停顿片刻，抬头望着穆公说："我想对于晋国还是救济一下吧，对晋国有好处，对我们也没什么坏处。"秦穆公采纳了百里奚和公孙支的意见，秦穆公与他的"智囊团"的用意很明确：用粮食收买晋国人心，以图人心归秦！为把这次跨国救灾义举弄得声势浩大，秦穆公专发诏命，征集车辆、马匹、船只，满载粮食护送至晋国都城。当时，秦国的运粮船队从秦国雍都到晋国绛都，塞满河道，绵延数百里。晋国百姓听说秦穆公送来了粮食，都十分感激。这次跨国救灾行动，史称"泛舟之役"。

/ 土地诱惑引发秦晋大战 /

正所谓世事难料，风水轮流转。

刚刚过了两年，秦国渭河流域就遭遇罕见大旱灾，发生全国性饥荒。而晋国却风调雨顺，庄稼大获丰收。秦穆公想起当年帮助晋国渡过旱灾的事，十分庆幸自己当初的抉择："当初我们帮过晋国，这下向他们求援，晋国定不会袖手旁观。更何况我对夷吾的确不薄。"想到此,秦穆公大笔一挥:向晋国借粮。

同样的借粮大事摆在了晋惠公夷吾面前,他当然也不能拍脑袋就办,也是要和群臣商量一下的。朝堂之上,晋国的将军虢射说:"秦国现在粮食歉收,国内的粮食肯定不够用。如果现在我们攻打秦国,秦国的军队很难招架我们,特别是时间稍微长一点,秦国的军队必然要败退。到时候我们就能够获得胜利,而且还能获得土地。"夷吾咬了咬牙,毕竟秦国对他成为晋国国君是有帮助的,而且他姐姐就是秦国国君的夫人。但想到能够获得土地,让晋国获得利益,他果断地说了两个字:"办吧。"就这样,向晋国借粮救荒的秦国使臣泠至悻悻而回。临走时,夷吾的宠臣吕饴甥、郤芮等还丢下一句狠话:"要吃晋国粮食,除非秦兵来取。"面对忘恩负义的夷吾,秦穆公决定沉着应对。他同百里奚亲自率领中军,大将西乞术、白乙丙保驾,大将公孙支统率右军,公子絷统率左军,杀奔晋国而来。

边境告急,可急坏了晋惠公和一班文臣武将。

大夫庆郑说:"秦国发兵,还不是因为我们没借给粮食,不割让城池。依臣所见,还是把河西五城交给人家吧,省得再动干戈,晋国遭殃。"晋惠公大怒,要将庆郑斩首,经过虢射求情才免去死罪。

晋惠公组成战车600辆,率领3路大军,向西进发,准备迎战秦国。途中,庆郑见惠公乘坐郑国送来的"小驷马",好心好意地劝说道:"今遇秦国大敌,主公乘坐异国的马,它不熟悉晋国道路,恐怕于君不利吧!"惠公非但不听,还训斥道:"你还敢多话!"这时,秦军已东渡黄河,连战连捷,长驱直入,一直打到了晋地韩原。

晋惠公命令部队在离韩原10里处安营扎寨,并让大夫韩简前往秦营刺探虚实。韩简回来报告说:"我看秦军兵精将勇,人数虽然比我军少点,可士气却强我军10倍!"惠公听了非常生气,说:"这是庆郑的言语,长他人志气,灭自己威风。我誓与秦军决一死战!"说罢便令韩简到阵前请战。

/ 德扭乾坤粮权为重 /

公元前645年秋,秦晋两军在韩原决战。顷刻间两军杀得天昏地暗,血流成河。混战之中，晋惠公乘坐的小驷马气力已尽，又遇秦国大将公孙支，惠公让大将家仆徒接战。公孙支有万夫不当之勇，家仆徒哪里是他的对手，不多一会儿便败退下来。小驷马被惊得狂奔乱跑，终因不识途径，陷入泥潭，拔不出腿来。正在十分危急的时刻，晋将庆郑冲杀过来，惠公高声叫道："庆郑将军快快救我！"庆郑看了惠公一眼，说了几句风凉话："国君乘小驷马挺稳当，你就等着别人来救你吧！"说着扬鞭策马而去。决战以晋军大败而告终，秦军俘虏了夷吾及家仆徒等。

历史上，这场战争还有一个别样的故事。话说当年，战场上两军对垒，激战正酣。忽然，夷吾离开他的军队，带领一支骑兵朝秦国军队的侧翼而来，但是刚一接触即拨转马头逃走。秦穆公看到夷吾，立即与手下的将领追击，结果刚进入一个盆地，就中了夷吾设下的埋伏。秦穆公被晋国的军队团团包围。混战中，穆公身负重伤。此时，突然从山坡上冲出一支300多人的队伍，个个赤膊黝黑，英勇无比，不仅帮助秦穆公打退了晋国的军队，而且活捉了夷吾。

原来，这300多人常住深山，生性彪悍，以打猎为生。当年，秦穆公好养马，结果有一匹好马走失后，被这些人抓到，并且当作猎物吃了。秦国的军队寻访发现后，报告秦穆公，并且要将这300多人治罪。秦穆公说："君子不会因为牲畜的事情而杀人，这样有失身份。我还听说如果吃马肉不喝酒，就会对身体有害。"随后，穆公赐予这些人酒。所以，当猎人们听说穆公与夷吾大战，被晋军包围的时候，立即跑来帮忙，而且徒手推锋、以一当十，以报答吃马肉不杀的恩情，于是此战就有了戏剧性的大转折。不过碍于枕边风，加上周天子也帮忙说情，秦穆公最终还是放了夷吾。

一场战争获得一个教训。此后，秦国不断加强粮食储备，将粮权牢牢地掌握在自己手中。大业终成。

赵襄子储粮守城破晋阳之围

□ 姚 磊

> 保证粮食储备数量，稳定粮食安全，从古至今皆未变。赵襄子之所以能够坚守晋阳城3年，就是因为有贤达的大臣加强农业生产，储藏的粮食能保证不时之需。

* * *

时下，改革创新是企业发展的必由之路。殊不知，在遥远的战国时代，赵武灵王就进行了我国古代军事史上一次伟大的变革，那就是"胡服骑射"。而今，这个成语已经成为改革的同义词。英名而具有"骑射胡服"思维的武灵王使赵国走上了强兵之路。而另一位赵国国君不仅指挥军队在"三家分晋"后创立了赵国，而且善纳良策，在任晋国公卿时带领晋国军民储粮守城，解了晋阳之围，反败为胜。他，就是赵襄子。给他出主意的那位谋士，叫张孟谈。

/ 面对智氏家族的威胁 /

晋国后期，四大家族（赵氏、魏氏、韩氏、智氏）实际控制了晋国的军事和政治。他们之间互相攻伐，其中实力最强的当属智伯的队伍。这个智伯为人飞扬跋扈，贪得无厌，言而无信。当时唯一能够直接与其抗衡的只有赵氏家族。因此，智伯寻找一切机会剿灭赵氏家族。

赵氏的主公赵襄子当然晓得智伯的想法。有道是：害人之心不可有，防人之心不可无。更何况是对方在肆意挑衅呢！好吧，先听听谋士的意见。

于是，张孟谈奉诏觐见。赵襄子就智伯之思谈了自己的想法："智伯近段时间常常派人到韩氏、魏氏家族去联络，虽然我不清楚他们在讨论什么，但是我们一直与智伯不和，他是狼子野心啊。智伯一直都想灭掉我们，估计这回联络另外两个家族就是为了开战呀。"张孟谈点头道："主公所言极是，主公为人正直，而智伯两面三刀，他与赵氏素来不和，且嫉恨主公治国有方。虽我们从未与他直接顶撞，但也不能避免他单方面挑起祸端。他肯定会最先攻打我们的，我们必须有所防备。"赵襄子忧虑地问："那么我们现在做准备来得及吗？"张孟谈说："主公放心，您平时善待黎民，大家都很拥护您，而且赵氏家族和家臣都是兢兢业业，每个城郭都是积极耕种，都存储有粮食，人民生活富足殷实，打起来肯定能胜。"赵襄子面色略显放松，心想："是啊，赵氏对所属地区非常重视农业，各城郭的主官也非常敬业，因此赵氏地界上人民生活、军事守备、经济发展还都是不错的。但是家族的地盘毕竟有限，而且所属城郭也不是很多，真的要应付3个氏族的进攻，还真没有十足的把握，特别是现在智伯与赵氏的矛盾已经不可调和了，大战在所难免。与三大家族硬拼，是杀敌一千，自损八百，因此采取守势对赵氏来说是最佳的选择，当下最重要的是找一个最坚固的城池据守。"

想到这里，赵襄子问张孟谈："我们做准备的话，您看在哪个城池据守最好？"张孟谈轻捻胡须，沉思了一会儿，说："您记得董安于吗？"赵襄子似乎想起了这个人："对，有这么个人，我记得他是先父委任的官员，原来听说他很有本事，但是我没有太多地了解这个人。"张孟谈继续说："您说得对，他是先主最得力的臣子，为人正直，深得先主信任，而且他非常善于治理地方，把当地的农业生产、经济、军事等都打理得井井有条，他还有个习惯就是存粮食。我记得先主曾经让他治理晋阳。在那里时，他不仅清正廉洁，而且非常重视耕作机织，使人民生活富足，每家每户都有存粮。后来尹铎继任，他也很不错，治理有方，而且将晋阳城修建得非常坚固，存了不少粮食。特别令人欣慰的是，尹铎带领老百姓发展生产，把所有的成绩都归功于先主。因此，晋城百姓都一心跟随赵氏。这两个贤人的影响力保存至今，我看您就驻守晋阳吧。"

晋阳被围靠存粮坚守 3 年

果然,没过多久,三大家族的士兵开始围攻晋阳,其中主力就是智伯的军队。因为智伯知道,他与赵氏的不和已公开化,而且赵氏是四大家族中仅弱于智氏的,灭掉赵氏就可以在晋国称霸了;退一步讲,即使不能直接消灭赵氏,让他的势力范围萎缩也是值得的。

赵襄子早有准备,防守非常严密,加上晋阳城的赵氏军队非常勇猛,智伯每次攻城都被打退。3个月过去了,三族联军也没有把晋阳打下来,智伯的军队更是损兵折将。于是,三家军队包围了晋阳城,这一围就是3年。时间一天一天过去,智伯的军队也需要后勤供应,所以必须尽快攻下晋阳城!智伯利用洪水上涨的机会,挖开了汾水的堤坝,水淹晋阳,晋阳城更加危急。

城池被围,粮食也基本吃光了,但晋阳城里的老百姓相信赵襄子,没有出现动乱,而是想尽办法找吃的。

赵襄子看到百姓啃起树皮,军队也要断粮了,心里十分酸楚:"坚持3年了,再这样下去,就会有更多无辜百姓饿死呀。"他忧心忡忡地找来张孟谈:"我们粮食没了,军饷也基本没有了,我觉得守不住了,你看能不能跟智伯议合,或者我们放弃守城。"张孟谈一皱眉,大声对赵襄子说:"如果现在您就放弃了,那我们就没有尽到出谋划策的责任,要我们这些谋士有什么用?而且您投降了,一定没有好下场,那智伯早就想把您除掉。请您放心,我自有妙计退兵。"

弹尽粮绝张孟谈妙计退兵

张孟谈秘密出城见到韩、魏的主公,对他们说:"两位主公,你们和我们主公都是晋国的大家族。大家虽然实力都不弱,但是毕竟比智伯的军队差。现在你们知道我们晋阳城中粮食多,还能坚守几年,但是如果我们真的守不住,被智伯灭掉的话,我想两位主公也就危险了。"韩、魏的主公疑惑地看着张孟谈。张孟谈又说:"你们都知道智伯表里不一,心狠手辣。"二人点头表示赞成。"我们赵氏被灭掉后，接下来他就会对付你们两家了。唇亡齿寒的道理，我相信两位主公不会不知。而且，到了那个时候，你们两家联合起来，也未必是智伯军队的对手。因此为了两位主公的未来着想，不如听我的建议和赵氏联手消灭智伯。"一席话说服了韩、魏主公。商量对策后，张孟谈连夜返回晋阳，将情况报告给赵襄子。

当夜，三家联军在晋水堤坝上的哨兵被杀，有人掘开了堤坝，大水直接冲到了智伯的驻地，智伯的军队大乱。突然，晋阳城门大开，赵襄子的军队鱼贯而出，直接闯入智伯的营地。

韩、魏两家军队两面夹击，最后赵襄子生擒智伯。

齐王建厚粟薄略埋下祸根

□ 姚 磊

在赵国危机之时,粮食成了支撑赵国的关键,更是战略转折的关键,其本身的价值远远高于赵国的战略地位。而在齐王的心中,战略天平偏向于粮食。从这个意义上讲,齐王为秦统一六国创造了难得的战略机遇。

* * *

提起苏秦,大家都会想到他与张仪合纵连横相斗。他周游列国,出将拜相,获六国相印,而且组织六国共同讨伐秦国,结果让秦国15年不敢出函谷关。苏秦所使用的这种抗秦方法,史称"合纵"。但是,这个法子并非时时在各国都奏效的,比如齐国。

秦攻赵试探齐王田建时,秦国已经成为当时诸侯国中最强的国家,各国都对秦国产生了恐惧。秦国攻打赵国,计划是这样的:如果齐国、楚国发兵救援赵国,就能知道两个国家对赵国的态度,从而判断两个国家的机动兵力,再立即从赵国西撤,不再与赵国大动干戈,以保存实力,同时可从中部或对楚国进行突破,或者寻找其他机会;如果两个国家没有发兵,甚至没有太多地给予赵国支持,那就强攻赵国,至少通过此次战役彻底削弱赵国,并为今后彻底将赵国灭掉奠定基础。于是,秦国开始发兵数十万攻打赵国。

韩国是赵国和秦国之间的一个国家,因为秦国不再助赵,就不再将韩国当对手看待,韩国乐得看热闹。赵国宛如一只待宰的羔羊。但赵国国君不愿意束手就擒,他觉得还有机会支撑一阵。因为,出了函谷关,秦国的粮食通过陆路运输是不畅的。拖延了一段时间后,赵国的粮食储备基本消耗光了。赵国国君就想到了东边的齐国,如果自己被打败了,齐国也没有什么好果子吃。因此,赵国就向齐国借粮食。

/ 齐厚粟薄略 /

赵国使臣一路风尘仆仆,赶到了齐国的都城,希望面见齐国国君,谁料齐国国君拒不接见。事情是有原因的:先前,齐国发兵伐宋国,秦国虽怒,但考虑到稳定齐国,保证能够先将与自己相邻的国家灭掉,故隐忍不发,但齐国却认为秦国确实与之交好;而且齐国与赵国虽然是邻居,但是并不友好,特别是齐国也希望通过秦国的手灭掉赵国。

齐国谋士周子不这么认为,他觉得局面对齐国没有好处,如果不借粮救赵国,势必对战略局势产生深远的影响——秦国攻打齐国危险系数无疑将会增大。想到此,周子立即进谏齐王:"大王,鄙人思量许久,觉得此次秦国攻打赵国,没有那么简单,我认为这是秦国一石二鸟的计策。秦国强大,而且军队士气高昂,其政法严苛,因此作战效率极高;目前秦国和赵国久拖不决,我认为秦国这是应该在试探各诸侯国的意见,同时通过此次进攻尽力去削弱赵国的实力。"齐国国君不耐烦地看了看周子:"周卿,您的意见是什么?""我看我们还是救赵国好。"周子试探式地对齐王说,"从目前来看,齐国如果给赵国粮食,势必能够支撑赵国抵抗秦国,同时加强赵国的实力,使赵国不致被秦国削弱到不堪一击的地步,那时秦国看到赵国有其他诸侯国救援,势必三思其战略,从而决定退兵;如果我们不给赵国粮食,秦国一定会坚持自己的战略,不会退兵,而且在时间成熟的时候,秦国将大兵压境,开始大规模对齐国作战。"周子一席话触动了齐王,但齐王并不想消耗自己的粮食去帮助其他国家。同时秦国多次示好,认为东西对立,自己保持稳定就是一个很好的状态。再说了,赵国被灭掉对齐国也没啥损失,说不定还能获得点好处。周子继续说:"君上,秦国与我们交好实际上只是暂时的。秦王的野心很大,凭秦国目前的实力,想打败赵国只是时间的问题。记得当年诸侯国围攻我们齐国,我们也抵挡下来了。今天秦国是不会将自己的虎狼之师养在家里的。秦国灭掉赵国后,就会灭掉燕国。燕国没了，估计我们齐国也就要被灭掉了。"周子看齐王心不在焉，继续语重心长地说："如果给赵国粮食，就告诉了秦国我们支持赵国，这样做秦国不会把秦齐的关系怎么样的，因为毕竟秦齐离得还是很远的。但是这样将会影响秦国对整个战略的判断，而且我们还能获得战略的纵深。赵国对于我们齐国和楚国来讲，是一道天然的屏障，如果被秦国打下了，相当于秦国对南、对北的战略路径门户已经打开。因此，赵国对于我们来说就是嘴唇和牙齿的关系，唇亡齿寒啊！"半晌，齐国国君才对周子说："周卿啊，我理解，但是我们齐国也要充实仓廪啊，你看看我们还要养活军队，还要得罪秦国，不划算的。"周子提高了声调说："救赵国对您来说是彰显仁义、一本万利的事情，其他各国都将视您为旗帜，而秦兵必退，这样您的威望一定在秦国之上了。您一定要三思啊，还是做有情有义救扶赵国、能退却强悍秦兵的决断吧，不要光琢磨自己的粮食，那会误了大事啊。"齐王摇摇头，摆摆手，说："周卿啊，你还有其他事情吗？待会儿咱们要开国事会议，我得准备一下了。"周子俯下身子叩拜齐王，长叹了一口气。

/ 赵亡齐降 /

结果，秦国看到没有国家愿意给赵国粮食，就发动了长平之战，击败了赵国，不仅震慑各国，而且获得了东进的战略空间。

之后，战国历史掀开了最波澜壮阔的篇章，主角就是秦国。秦国通过灭赵国、韩国获得战略主动。同时，燕国受不了战略压力，派荆轲刺杀秦王，结果事情败露，招致灭亡。魏国、楚国也都相继被灭掉了，而齐国则举国投降了。可以说，在赵国危机之时，粮食成了支撑赵国的关键，更是战略转折的关键，其本身的价值远远高于赵国的战略地位。而在齐王的心中，战略天平偏向于粮食。从这个意义上讲，齐王为秦统一六国创造了难得的战略机遇。

对峙粮绝，华元诚威并行迫楚退兵

□ 姚　磊

华元想，城内米空炊断，楚军再这么围困下去，城是肯定守不住的。要说楚庄王亲自出马，早该全面攻城了，现在围而不攻又是什么原因呢？对，军粮！楚军一定是军粮出岔子了！当天夜里，他带着一把匕首，独自出城潜入楚军营地……

*　*　*

/ 楚宋交恶 /

在历史上，宋国是西周时期就建立起来的诸侯国。周公旦平定了管、蔡、武庚的叛乱后，周成王封微子为诸侯，封号为宋，封地就是商的发源地，即武庚的封地，也就是今天的商丘附近。为表彰微子的功绩，特准许宋国使用天子的礼乐祭祀。宋国日益强盛起来，虽然是小诸侯国，但是出了不少有名的人，如孔子、庄子、墨子等。

春秋中期，中原霸主齐桓公过世后，中原地区出现了权力真空：齐国内乱，晋国、秦国都没有挑战霸主的实力。此时，宋国崭露头角，宋襄公与各诸侯国签订盟约，立自己为盟主。

而在南方，楚国逐渐强盛，并利用齐国的变乱扩大自己的地盘。如此一来，宋国和楚国就势必成为冤家对头。果然，趁宋国与各诸侯国订立盟约之时，楚国将宋襄公抓住，带着他攻打宋国。最终，宋割地赔钱，楚方作罢。宋襄公咽不下这口气呀，遂决定先拿楚国的跟屁虫郑国出气！说干就干，宋兴兵伐郑。谁料大哥就是大哥，楚国大军助郑，宋军败退而归。从此，宋国与楚国纠葛不断。

/ 因粮退兵 /

时间如飞鸟，转瞬便到了宋文公时代。但时间并未冲淡宋、楚两国的恩怨。公元前595年，楚庄王派申舟访问齐国，访问齐国途中必经宋国。按理来说，经过宋国应事先通知宋国，然而楚庄王自恃楚国为大国，不把宋国放在眼里，就没通知宋国。宋国的执政大夫华元觉得这是对宋国的莫大侮辱，非常气愤，于是建议宋文公将楚使杀掉。宋文公当即下令将申舟杀了。这还了得！楚国当即兴兵讨伐宋国。楚国到宋国路途遥远。而宋国是传统的诸侯国，自微子开建都城后，就开始营建城池。由于宋国城墙坚固，楚国久攻不下，双方陷入对峙。

5个月过去了，宋国的粮仓里已经没有粮食，老百姓家里也都是米空炊断。华元一方面鼓励守城军民宁可战死、饿死，也决不投降；一方面苦思冥想退敌良策："楚国到宋国路途遥远，这次楚国兴师动众攻打宋国，反应之快始料不及，连续围城5个月，他们的军粮是怎么解决的呢？要说楚庄王亲自出马，早就该全面攻城了，现在围而不攻又是什么原因呢？对，军粮！楚军一定是军粮出岔子了！"想到这里，华元紧锁的眉头开始舒展，他当即作出了一个大胆的决定。

当天夜里，华元带着一把匕首悄悄出城，潜入楚军主帅子反的营帐，登上卧榻，叫起子反说："我们君王让我把宋国现在的困苦状况告诉您。宋国的粮草早已吃光，大家已经交换死去的孩子当饭吃；柴草也已烧尽，大家用拆散的尸骨当柴烧。尽管如此，你们也别想逼迫我们订立丧权辱国的城下之盟，因为我们宁肯灭亡也不会接受！如果你们能退兵30里，那么您怎么吩咐，我就怎么办！"子反将华元的话报告了楚庄王。楚庄王十分惊讶，对子反说："你说的是真是假？"子反说："我听得确切，凭我对华元的了解，他很要面子，现在他说已经没有粮食，坚持不住了，我估计是真的。"楚庄王点点头，双手背过身后，转身踱步。他想："我在这里围宋国

5个月了,都没能把它打下来,看来宋国还是有点本事的。宋国毕竟是当年的诸侯国,而且此地也不是我的地盘,只要驻军一天,我军的粮食、军需、车马都要从楚国运过来,我再有钱,也不能浪费在这里啊。"楚庄王转过身来,眉头上扬,对子反说:"此次是宋国不仁不义,抓我们楚国使臣,我们攻打他们是在情在理,但是现在他们国内粮食已经没有了,我们不能做不仁不义的事情,让宋国的百姓受苦,而且我们的粮食也只能支持两三天,因此我决定退兵。"楚军真的退到了30里外,和宋国停战,双方保证不再互相欺瞒,华元作为这项和约的人质到楚国居住。

宋楚签订的盟约上写着:"我无尔诈,尔无我虞。"成语"尔虞我诈"就出自于此。

对于此次守城战役,史学家评说不一:有的说是华元夜里逼迫子反,让他退兵30里;有的说华元以出人意料的行为结束了一场艰苦的持久战,结束了宋国的危难和困苦,这场战事虽有妥协,但是以弱敌强,不辱国威,华元值得敬重;等等。

但是有一点是明确的,当时楚国出兵不是长期谋划的,应当是楚庄王一时激愤,率兵攻打宋国。而宋国虽然并不强盛,但是能够抵抗得住楚国将近半年的围攻,也算御敌有方。随着战争的消耗,双方都没有粮食了。楚庄王希望结束围城,而宋国也难以为继,因此双方都要找到一个罢兵的理由。因此,在太史公的记载中才有楚王的感叹。

诸侯纷争的春秋时代,每一次敌对行动都有一个共同的特点,就是不论是否开战,都要靠粮食支撑。粮食支撑的时间长,战争进行的时间就长;粮食支撑的时间短,战争也就草草收场。粮食就是胜利的希望,也是坚守的筹码。说诸侯各国惜粮如命,毫不夸张。

中国粮油书系第二卷之
粮战演义（上）——第二章

秦汉篇

Dierzhang
Qinhanpian

桓惠王"疲秦计"令秦川尽成沃野

□ 姚 伟

桓惠王最有名的举动,是派遣"水利工程师"郑国前往秦国做间谍,建议并帮助秦国兴修大型水利工程,也就是后来大名鼎鼎的郑国渠。韩王的这招"疲秦计"实属无奈。在列强争雄的战国时代,作为备尝四战之地苦楚的韩王,面对强秦威胁,只能天真地幻想一番。或许他行此计本来就是饮鸩止渴,明知有毒,却只希望苟延残喘。

* * *

/ 郑国渠与新郑地形 /

新郑与关中相距遥遥,其地形地势与远在关中的郑国渠有啥关系?原先我也认为没有什么关系,也不可能有什么关系。为写这篇稿子,我查看了不少资料,惊奇地发现两者之间不仅有关系,而且关系很密切。

关中平原位于陕北高原与秦岭山脉之间,东起潼关,西至宝鸡,长约300公里,最宽处100公里,最窄处仅20公里,至宝鸡逐渐闭合为峡谷。

这块形似"新月"的盆地,因处于函谷关与大散关之间,被称为"关中",也叫"八百里秦川"。

秦川的地形特点是西北略高,东南略低。如今的水利专家说,郑国充分利用这一地形,以泾水为水源,使干渠沿北面山脚,也就是平原北缘较高的位置向东伸展，然后穿凿支渠南下，形成自流灌溉系统，浇灌南边大面积的农田。这个设计精巧而合理，需要很高的测量水平和水文知识。在当时的秦国，没有人具备这样的水准。

在查看新郑简介的时候，我们看到了与关中平原相似的地形地势：新郑地势西高东低，中部高南北低。其实不仅新郑，郑州地区的地势也是如此，整个中国的地势也大抵如此。而在郑韩故地，人们很早就开始利用这一地形特点。在胡庄韩王陵的南边，南水北调工程还遭遇了唐户遗址，考古工作者在那里发现了一个排水系统，此排水系统巧妙地利用了自然地势，那可是八九千年前的东西！当然，那个排水系统规模不大，只需按照经验挖掘就行。到了郑国时期，人们已逐渐掌握了测量技术，可以在面积广阔的土地上兴建排水灌溉系统。郑国子产率先承认土地私有，允许买卖，按亩征税，正式宣告"井田制"的终结。子产进行的政治改革，叫作"作封洫"。这个词的一个含义，就是打破井田限制，在田野中因地势开挖沟渠，使涝能排水，旱能灌溉。

/ 韩国水工郑国的使命 /

在西高东低的郑韩地面上，人们探索了不知几百年、几千年。在丰富的农业实践中，经验一点点累积，智慧一点点汇聚，水利技术逐渐成熟。而水工郑国，正是这块土地上水利智慧的集大成者。

但郑国是韩国人，他为何替秦人设计、兴修实效非凡的水利工程？当时国家、民族的观念尚未形成，各国人才流动十分频繁。一般来说，韩国人去秦国发展也很正常，就像现如今很多人去美国一样。但郑国却有着不同的背景：他是一位间谍，是接受桓惠王指令前去秦国的。他的任务，不是收集情报，也不是暗杀破坏。韩王给他的使命，就是去兴建这条后世赫赫有名的水利工程。

韩王疯了？为何派间谍去帮助秦国，令秦国更加强大？这个韩王，就是长眠在胡庄大墓中的桓惠王，他当初是怎么想的呢？

桓惠王缘何派间谍

桓惠王是位不幸的国王，他生前有太多的麻烦和无奈。

韩国前期，昭侯重用申不害进行变法，使国力一度强盛。但申不害的"术治"，并没有为韩国的长期发展打下基础。而在列强争雄的战国时代，韩国的地理位置可以说非常不好。由于地处中原，韩国被魏、楚和秦等强国包围，强大的时候也几乎没有发展空间，一旦衰弱，却因身处四战之地，不得不一次次地卷入战争。"春秋战争之多者莫如郑，战国战争之多者莫如韩。"不是郑、韩好战，而是其地理位置使然。若干年后，刘邦在楚汉之争中胜出，带着人马屯扎在洛阳。他的手下基本都是山东（崤山以东）人，都认为应该定都洛阳，只有一个叫刘敬的人建议定都关中。在这个紧要关头，昔日的韩国人张良一番话定了大局，让刘邦"即日起驾，西都关中"。张良的话主要意思：洛阳容易四面受敌，"非用武之国也"；而关中"阻三面而守，独以一面东制诸侯"。这是后话不提。个人认为，洛阳人不要埋怨张良，作为一个韩国人，他深知身处四战之地的苦楚。

历史上，申不害的"术治"如过眼烟云，而商鞅的"法治"却取得了坚如磐石的效果，为秦国的强大奠定了根基。

后来，历代国君坚守法治，选贤任能，使秦国逐渐成为最强大的国家。秦国向东称霸，愈来愈弱的近邻韩国不幸首当其冲，成为最佳攻击目标。

秦国东侵战争的惨烈，我们无法感同身受，但史书上一系列数字，令人震撼：公元前317年，秦败韩师于修鱼，斩首8万级；公元前314年，韩被秦败于岸门，韩太子仓入质于秦以和；公元前308～前307年，秦将甘茂破韩国宜阳，斩首6万；公元前293年，韩、魏伐秦，秦白起击败魏、韩，斩首24万，拔5城；公元前291年，秦伐韩，拔宛；公元前290年，韩入武遂地200里于秦；公元前275年，秦穰侯伐魏，韩军救魏，穰侯大破之，斩首4万；公元前264年，秦伐韩，拔9城，斩首5万；公元前262年，秦伐韩，拔野王，上党路绝，韩献上党与赵；公元前256年，秦伐韩，取阳城、负黍，斩首4万；公元前254年，韩王入朝于秦；公元前249年，秦伐韩，取成皋、荥阳，设三川郡。

从这些数字看，大约每10年，就有5万左右的韩国将士被秦军斩首，可谓尸横遍野，景象凄惨。为了苟延残喘，韩王想尽了办法：或令太子去秦国做人质，或亲自去朝见秦王，或将与本土隔绝的上党献给赵国（此举引发秦赵长平之战，战败的赵卒数十万被坑杀，秦军趁势包围邯郸，引出信陵君"窃符救赵"故事）。但这种种办法，都无法阻挡秦国东进的步伐。

公元前249年，也就是桓惠王出任韩王24年的时候，秦人占领成皋、荥阳，韩国都城新郑顿时处于秦国直接威胁之下。3年后，"韩使水工郑国为间于秦"，建议并帮助秦国兴修大型水利工程。

在焦急无奈的桓惠王看来，这大概是唯一可行的办法了。水利工程往往耗费巨大，即便今天也是如此。桓惠王的如意算盘是借此"疲秦"，使之"无暇东征"，韩国因此获得喘息之机。郑国是极为杰出的"水工"，而当时秦国的关中平原还没有大型水利工程，桓惠王相信并期待秦国人接受郑国。

这一年，是秦王嬴政元年，新任秦王只有13岁，大权掌握在吕不韦手中。吕不韦是位杰出的政治家，同时正迫切期待建功立业，取得政绩，证明自己，当年就接受了郑国的建议，开始兴建大型水渠。

/ 疲秦之计变强秦之策 /

郑国完成了间谍使命，但桓惠王的如意算盘完全打错了。

完工后的郑国渠给秦国带来了无尽的好处。此渠所引水源，为泥沙含量极高的泾水，"泾水一石，其泥数斗"，既能灌溉，又能淤肥土地，灌区一般土地更加肥沃，盐碱地也成为良田。旱灾频仍的秦川，凭借此渠"为沃野，无凶年"，每亩地的收获达到"一钟"。"一钟"折合六石四斗，而当时黄河中游的亩产，一般为一石半。于是，灌区成为秦国的粮仓。在秦国并吞六国、一统天下的过程中，郑国渠居功至伟。司马迁、班固都写道："渠就……秦以富强，卒并诸侯。"如果桓惠王地下有知，长眠在胡庄大墓下的他当苦笑千年：历史太吊诡了，原试图削弱秦国的势力，反而使秦国更加强大。他死后9年，秦国就灭了韩国，并很快荡平诸侯，一统天下。或许他行此计本来就是饮鸩止渴，明知有毒，却只希望苟延残喘。不过，郑国渠当初险些中途夭折。

　　水渠修筑不到一半时,郑国的间谍身份暴露,他被抓进监狱,判了死罪。秦国贵族趁机挑拨,认为众多来秦国的外国人都像郑国一样包藏祸心,建议秦王尽数驱逐他们。于是,秦王下达"逐客令",数万外国人才尽在被驱逐之列。

粮道被断，赵40万大军折戟长平

□ 姚 磊

长平之战中，赵括的失败归因于粮食，他已经没有粮食供应了；秦国的胜利也是因为粮食，秦军隔绝了对手的粮食供应通道，彻底困死赵军。而且，秦昭王听说秦军已将赵军粮道截断时，第一反应就是让老百姓拿起武器助守。秦国对粮食支撑战役胜利的认识远远高于其他国家。

* * *

随着秦国实力的增强，各国对它的恐惧程度日益增加。而对于秦国来说，向东开战的时刻到了。

/ 反间计 /

秦昭王四十七年（公元前260年），秦国命王龁为左庶长，进攻韩国，并取上党。上党的郡守认为将上党郡归化赵国，能够促使韩国和赵国联合抗秦。经过上党郡守的联络，赵国同意接受上党，并将军队驻扎在长平。随后，秦昭王直接发动了对赵国在长平驻军的进攻。

当时，赵国任命廉颇为将军。开始，赵国与秦国几次交手，没有占得什么便宜，而且还损失了不少军士，因此廉颇命军队构筑壁垒，做长期对峙的准备。秦军多次挑衅，廉颇坚守不出。消息传到赵国，赵王以为廉颇避让秦军，不敢出战。而秦国利用反间计顺水推舟，使廉颇被赵括代替。赵括毕竟没有多少实战经验，听说秦军就怕自己，骄奢不已。这下可好，秦国秘密任命白起为主将、王龁为副将。双方交手之前，胜败基本定局。

/ 绝粮道 /

白起为上将军是秦国的军事机密。昭王下令，凡泄露此密者，必斩。赵括走马上任后，立即出击秦军。

秦军先假装败退，向后急撤到自己的营地。赵括认为秦国确实怕了自己，立即带领军队追击秦军。当赵国的军队追到秦国的营垒时，才发现秦军的营地壁垒坚固，根本无法攻上去。更让赵括伤心的是，就在此时，秦国的两支军队已经绕到了赵军的背后，像两把利剑横向插入赵军。秦军很聪明，他们首先派2000余人阻断了赵军的供粮通道，然后派5000骑兵堵住赵军后撤之路。面对突然而至的秦军，赵括大惊失色："我几乎把全部的军队都带出来了，秦军在我的身后，他们的队伍近3万人，而且这3万人都是骑兵。我们的粮道也被截断，硬拼肯定不行，只能原地等待援军吧。"就这样，赵括开始要求士兵筑营垒，原地抵抗秦军。

赵括惊愕之时，秦军的战报已飞到了秦王的案头，看到白起将赵军粮道断了，秦王从桌案前跳了起来："好啊，赵国果然中计了！"他边说边将目光聚向案台上的地图，说："赵国离长平并不远，赵国虽然中了计，但是如果赵王脑子清楚的话，立即发兵救援，战局还有扳回来的可能，而且几十万大军也不是白起的3万人能拦得住的，到那时赵军里应外合，秦国的3万人填进去也不见回声啊。"秦王眉头紧锁，手抚胡须盯着地图，说："赵国的主力都在这里了，如果打通了粮道，相当于赵军就在我秦军主营的面前，而且现在我手里的机动部队也不多……有办法了！"突然，秦王回身，召集身边的文书："传我的令，长平附近郡县凡15岁以上的青壮劳力立即启程，任务就是隔绝任何增援长平的军队，特别是运粮的队伍。对拒绝应征者，杀无赦。凡到战场应战者，立赐爵一级。"此令一出，秦军迅速从3万人膨胀到了十几万人。

坑赵兵

赵括已苦苦坚守一个月了，不仅没看到援军，更没见到一粒粮食。赵括急啊，他的军队已经断粮46天了！赵军营地里已经开始上演人吃人的惨剧了！是等死还是拼死一搏？赵括选择了后者。可是饥饿的士兵已无心恋战，赵军士气低落，根本无法组成可以冲击秦军壁垒的军队。"只能亲自出马了！"作这个决定很艰难，但没办法，拼死还有生的希望，等死只能死路一条，就这么着吧！战鼓响，战旗飘，赵括率领亲兵出壁垒冲击秦军。但可怜的是，一腔怒火的赵括刚刚进攻，便被秦军的乱箭射杀。赵括军败后，军校决定投降，理由是投降至少能够解决吃饭问题。可军校这小小的愿望还是落了空。40万赵军投降后，白起的眉头依然皱得紧紧的：这40万张嘴是在内无粮草、外无救兵的情况下被迫降秦的，他们家小均在故国，不会真的为秦国卖命；赵国民风彪悍，这批降军人数众多，秦军将难以控制而日久生变。

于是，白起叫来副将商议："前段时间，我们秦国攻陷上党，韩国将上党给我们，但是上党的人不愿归化我秦国，反而附庸赵国，这些赵军也就是为了安抚上党的百姓而来的，赵国通过驻军告诉我们上党是他赵国的。赵军有君命在身，我担心赵国的这些士兵到时候反过来对付我们。这40万人对于秦军来讲是一个大麻烦，有粮食的话，他们立即就是有战斗力的军队，一旦暴动，我们秦军很难对付。我看不如全部杀光以绝后患。"众将皆首肯。当夜，秦军将赵国40万军队骗至军营外，除了240个年龄不长的士卒外，其余全部坑杀。赵国举国震惊，其他国家也对秦国惧怕到了极点。

今天看，长平之战是战国后期的战略转折点。通过长平之战，秦国彻底震撼了其他国家。在长平之战中，赵括的失败归因于粮食，他已经没有粮食供应了；秦国的胜利也是因为粮食，秦军隔绝了对手的粮食供应通道，彻底困死赵军。而且，秦昭王听说秦军已将赵军粮道截断时，第一反应就是让老百姓拿起武器助守。秦国对粮食支撑战役胜利的认识远远高于其他国家。

项羽破釜沉舟　秦军无粮自乱

□ 姚　磊

> 项羽率领全军渡过漳水，命令全军破釜沉舟，只带3日粮，以示不胜则死的决心，以迅雷不及掩耳之势直奔巨鹿，断绝秦军粮道，包围了王离军队……

* * *

秦国的故事讲得差不多了。前段时间热播的电视连续剧《楚汉风云》大家应该还记忆犹新，楚汉争雄的烽烟往事应该还萦绕心头，那么我们就来讲讲刘邦、项羽们的那点儿事。

/ 章邯步步为营 /

秦末各地农民起义军开始时势如破竹，一路高歌猛进，但因为没有统一的指挥和后勤，很难与正规军作战。项羽及其叔父项梁带领江东子弟也汇入义军的洪流，共同与秦军作战。秦国大将军章邯受命镇压叛乱，对这些农民起义军毫不留情。章邯毕竟是职业军人，而且秦军的训练和保障已经成体系化，因此开战前，粮草、军械、车马均准备妥当，可谓步步为营。

章邯攻打齐地后，杀死了齐王田儋。田儋的弟弟田荣为了自保跑到了东阿，秦军立即追了上去。

趁着夜色，章邯带领进攻部队慢慢摸上了项梁部队的外围。月光时有时无，在树丛中的秦军好像穿上了一身天然的迷彩服。为了防止部队偷袭时出声，章邯让士兵们嘴里叼着一根木条，他们犹如一团死亡的雾气向项梁的部队围拢上去。在解决掉外围的几个半睡半醒的哨兵后，突击部队已经在项梁军队营门外的草丛中了。

漆黑的夜里，项梁营地的篝火就像天上的北斗星，清晰地指明了营地范围，兵士们三三两两坐在地上昏睡着。只听一声号令，章邯的军队发起了猛攻。睡梦中的项梁被喊杀声惊醒。这时秦军已经冲入营地，许多义军迷迷糊糊地就做了秦军的刀下鬼，项梁也被秦军杀死。

章邯解除定陶的威胁后，带领军队向北渡过黄河攻打赵国。赵歇自封了赵王，以陈馀为将，张耳为相。作为旧贵族，赵歇有心反秦，但毕竟实力悬殊，因此赶紧退入巨鹿城。秦将王离抄近路尾随而至，与另一员秦将涉间包围巨鹿城，而章邯也完成了对巨鹿城的合围。

/ 义军北上救赵 /

巨鹿城，城池坚实，屯兵、储粮皆宜。对于秦军，巨鹿城距离河道较远，与自己的后勤供应基地距离长，义军又常常骚扰运粮队伍。秦军的驻地距离黄河支流最近的距离也有几十公里；陆路运输不仅耗费时间、人力，而且安全系数低。在这种情况下，如果从黄河支流依靠泜水和漳水运输粮食就不会发生粮荒。王离的部队是到了巨鹿城，但粮食运输却是问题：章邯手里虽有粮食供应基地，但距王离较远，而且在赵的故地。只有自己想办法了！章邯命令民夫筑路，修建连接河流之间的甬道。这样一来，从西面来的粮食顺流而下，源源不断地供应王离的前线部队。

粮食供应通道解了燃眉之急，但由于运输路程较远，也不安全，所以尽快结束战斗是上策。想到此，王离立即命令部队展开强攻。秦军攻势一浪高过一浪，被困城中粮草皆尽的赵王只得向义军求救。楚怀王召见宋义，任命其为上将军，项羽为鲁公、为次将，范增为末将，带领义军北上救赵。

项羽破釜沉舟

谁料，义军到今天的安阳后便驻足不前了。项羽要求立即发兵，宋义不同意，且各路义军都被秦军的气势吓怕了。

项羽干脆把宋义杀掉，提着宋义的头号令军队，要求各军与他立即渡河，攻打巨鹿秦军。

项羽决定亲自带着自己的部队渡河作战。项羽的观点很正确，巨鹿城的围城部队总数有40万人，而且装备精良，如果就他们这几万人过去，估计也就是给秦军塞牙缝的。但是，项羽仔细分析了秦军的部署，发现秦军分为两个部分，除了章邯亲自带的20多万人之外，剩下的就是王离的军队了。

当时王离的军队离章邯部较远，且全部靠水路补给粮食。如果切断王离的粮食供应，其围城的主攻部队就瓦解了，无粮自乱，此战必胜。

此战的关键就在于快，务必要在短时间内结束战斗。项羽想出了一条妙计。

刚刚渡过河，项羽对部队说："各位江东弟兄，今天我们誓要打败秦军。我们起事就是要消灭暴秦。我们的志向让我们走到一起，因此我们只有一个目标——打败秦国。对面的秦国虽然强大，但是我们更强。江东弟兄们，只要推翻强秦，死而无憾。"部队呼声震天："誓要灭秦，打到咸阳！"这时项羽举起一只釜，重重地摔在地上，说："现将釜碎于此，我项羽誓死灭秦，各位江东弟兄，愿随我灭秦者，摔釜为誓。"结果，项羽的队伍里，每个人仅带3天的粮食，其余一切辎重全部烧掉。

项羽一路北上，从侧面直接攻击王离的运粮道。王离也知道后勤供应线的重要，所以立即后撤保护。因为根本没带过多的粮食，项羽的兵们心中只有一个信念：必须断了秦军的运粮道！于是发起了一轮又一轮的冲击。于是，在这几十公里的路上，项羽将王离的部队分割成几个部分，最后彻底打破了秦军的甬道，导致秦军的后勤线崩溃。秦军副将苏角被杀，王离被擒。涉间不肯投降，自焚而亡。巨鹿之围解。

这个故事就是成语"破釜沉舟"的由来。巨鹿之战彻底决定了秦国的灭亡，而项羽也因此战威震天下。

殷墟立约　只为粮草

□ 姚　磊

章邯在巨鹿被项羽打败后，只剩一路大军。此时，章邯不得不考虑如何应对现实。对于他来说，秦国的苛法非常明确，完不成任务就会受到严厉的惩罚。这一路征战下来，起义军没有镇压下去多少，反而越来越多。秦军在定陶打败了项梁，但项羽的继续叛乱无法平复。结果，章邯、项羽立约成军。历史给大家开了一个玩笑，可能让人百思不得其解。实际上，这一切源于粮食。

* * *

巨鹿之战后，章邯和项羽在殷墟立约，彻底敲响了秦朝灭亡的丧钟。

那么，为什么会有殷墟之约呢？要知道，章邯可是有勇有谋、能征善战的大将军，是忠心事秦的功臣呀！这里，我们不妨顺着章邯的想法去探寻。如此，你会发现，现实很残酷，心凉了，一切都可改变。

/ 章邯寒秦 /

章邯在巨鹿城吃了败仗，王离部队和涉间部队几乎全军覆没。章邯不能走得太远，也不能采取新的军事行动，因为四处是反秦的义军，而他在棘原驻军粮草较充足。项羽打败王离后，也要休整，同时在这个过程中有一个重大问题摆在面前：战争开始时，他仅让部队带了3天的粮食，仗打胜了，虽然缴获了王离的粮食，但远远不够。因此，往前打也不是，不打也不是。于是，项羽在漳南停止，与秦军相持。

章邯明白，硬碰硬是不行的，只需慢慢让项羽军队将粮食耗净。"项羽巨鹿大捷，章邯避而不战，秦军多次退却……"这样的战报到了秦二世耳朵里，这个刚愎自用、不学无术的皇帝自然不答应，他要章邯回去复命。阵前主帅更换，乃兵家大忌。

章邯也怕了，毕竟从开始镇压农民起义军以来，自己损失了几十万军队。秦国的法律规定，将军吃败仗回去那可是要杀头的。因此，他让长史司马欣回去汇报战况。

司马欣到了咸阳，结果被挡在门外，连续3天都没有见到赵高。

司马欣在驿站里踱步，忽然明白过来："坏了，定是赵高动了心思，看来我必须逃了。"想到这里，司马欣出门上马，立即逃离咸阳。他没有原路返回，而是抄小路从树林中逃走，他怕赵高的追兵呀！好不容易回到章邯的营地，司马欣顾不上换下刮破的衣服就直奔章邯的大帐，跪地汇报："大将军，大事不好！我回到咸阳，根本没见到任何一个丞相。现在赵高当权，国家被他掌控，上下不通啊。而且，有他在，任何好的消息都不可能报到皇帝那里。按照目前的情况，我们如果打了胜仗，赵高一定会嫉妒您的战功，给您小鞋穿；如果仗打败了，赵高也不会放过您。总之，不管怎样，我们死定了！"章邯眉头紧皱，牙咬嘴唇，一拳打到桌案上："贼人当道啊！"

/ 陈馀的信 /

历史的发展有时就是巧合的集中，也许正是巧合拼凑成了历史。刚听完司马欣的汇报，章邯就收到了陈馀的信。信中说："当年，白起为秦朝的大将，南征北战，攻城略地，可以说功高盖主，却被秦王赐死；蒙恬为秦朝的大将军，北将戎人驱赶，开拓榆中的几千里土地，结果在周阳被斩首。为何会有这样的结果呢？因为秦国已经不能再册封他们了，只能将他们杀死。将军您都当了3年的大将军了，损失的军队也有几十万人，而各路义军越来越多，这时朝廷必起疑心。现在朝廷当政的是赵高，他为人奸佞，平日就常阿谀陷害，更别提秦二世也有诛杀您的心思啊。将军带兵在外，时间长了必然会和君上产生心理隔阂。到时候有功也杀，无功也杀。将军，现在是天下人在讨伐秦国，此乃天灭秦国啊。将军乃俊杰，应当识时务的。而且，将军在秦国不能直接谏天子，在外带兵也救不了秦国，到时您孤单无援，岂不太悲哀了。将军为何不与各路义军一起，讨伐秦国暴政呢？"

看完信，再想想司马欣的汇报，章邯不由得心里万分悲伤："我带兵打仗，忠心为国，但内有谗臣，下场可悲啊！"想到这里，他觉得应该和项羽谈谈，不为自己，只为跟自己南征北战的20万秦军。于是，他私下派密使和项羽谈判。可就在此时，项羽让蒲将军从三户渡口、漳南等地方开展军事行动，直接攻打秦军，并且在汙水打败了驻防的秦军。这样局势对章邯越来越不利了。

/ 殷墟立约 /

章邯的密使来到项羽营地，把章邯想与项羽立约、易帜反秦的建议告诉了项羽。项羽大喜，他知道20万秦军不易打败。但如果秦军易帜倒戈，手下的将领能接受吗？而且对项羽来说更致命的问题就是粮食问题。

当时，项羽只带了3天的粮食，快速在巨鹿打败王离，解除了秦军对巨鹿的围困。但在截断王离的粮道时，他们并没有缴获多少粮食。巨鹿城里也没有粮食了，缴获的粮食分给了赵军一部分，而且各路诸侯都在附近驻扎，周边的粮食基本都征光了。项羽军队也基本断粮，再不想办法，估计军队就得解散。"是啊，接受章邯的盟约不仅可以减少一个对手，而且能够名正言顺地从章邯手里要粮食，这样粮食供应问题就解决了，很划算。"想到这里，项羽叫来手下商量："大家打一路了，虽然打败了王离，抢了点粮食，但是根本不够，没有粮食仗根本打不下去。秦国军队的供应完备，粮草充足，刚才章邯派人来我们这里谈立盟约的事，我想咱们就与章邯立约，条件是咱们要接管粮食供应。"听完项羽一番话，军官们连连点头："好啊，有粮食就成，先填饱肚子再说，跟他的账以后再算。"就这样，项羽与章邯在洹水南面的殷墟立约。

我们不去评论后来项羽坑杀秦军的事情。正是因为司马欣的汇报和陈馀的书信,让章邯彻底放弃了对秦国的效忠。而当章邯准备带20万秦军与楚军立约的时候,项羽想的不是他的忠诚,而是他手里的粮食。看来,没有粮食,霸王也发愁;有了粮食,对手也不再可怕。

萧何慧眼　治粟都尉成韩大将军

□ 姚　磊

完成了推翻秦朝暴政的夙愿，张良渴望回到韩国故地。刘邦再三挽留，但他去意已决。殊不知，张良的离开成就了韩信的辉煌。当然这事更离不开汉军的军政智囊加后勤部长——萧何。

* * *

陈胜、吴广起义后，各地均高举义旗，反对秦朝暴政。这里面有浑水摸鱼的，更有渴望成就霸业的诸侯。在战乱初期，各路诸侯分兵抗秦，因群龙无首，立楚怀王，约定先入咸阳者为王。

但项羽认为楚怀王让他向北攻打赵地秦军，导致刘邦先入函谷关，实在不公，于是尊称怀王为"义帝"（实际上就是一个虚名），自立为西楚霸王，并分封各路诸侯为王。刘邦也被封汉王。刘邦本打算直接向项羽发难，但被萧何制止。

刘邦带着自己的队伍跟秦军进行了多场战斗，而秦军的主力都对付项羽去了。因此，刘邦打得顺风顺水，很快进入咸阳。此时，张良向刘邦提出，想回韩国故地。作为黄石公的传人，带兵打仗、运筹帷幄是张良的所长，无人可比。完成了推翻秦朝暴政的夙愿，张良渴望回到韩国故地。刘邦再三挽留，但他去意已决。殊不知，张良的离开成就了韩信的辉煌。当然这事更离不开汉军的军政智囊加后勤部长——萧何。

萧何月下追韩信

刘邦的队伍中,大多数是丰县和沛县人,在外征战多年,无不思家心切。本来刘邦队伍中的人就不是职业军人,所以逃跑现象非常严重,特别是到了晚上,走得人更多。张良走了,刘邦队伍中能够决胜千里的智囊就少了,这个时候非常需要一个人代替张良。

于是,军界牛人韩信上场。

这个韩信,是刘邦打下巴蜀时投奔汉军的。但刘邦只给他了个治粟都尉的官职,就是专门负责收集粮食、保证军供的官儿,相当于粮食部长。

韩信抱负远大。本来嘛,项羽不听他的建议,他气不过才投奔刘邦的,没想到在刘邦这儿也只混了个粮官儿。他心中那个不忿儿啊!当时,萧何管军政,也管粮食供应,而且为人不错,手下的人都愿意和他聊天。韩信有时跟萧何说一些军事策略,萧何由此对韩信另眼相看,这样俩人的关系越聊越近。韩信就跟萧何发牢骚,说刘邦不重用他,他迟早会遇到能识他的伯乐的!在张良走后,无人可替的当口,韩信表现出了他在军事谋略方面的才能。于是,萧何就想着向刘邦推荐韩信。这天,萧何一从刘邦大帐出来,便准备去找韩信谈谈,却被一桩急事耽误了。也就在这天夜里,失望已久的韩信悄悄收拾好了行囊。虽然他幸运地遇到了萧何这个好上司、好朋友,虽然粮食供应也是天大的事,但他知道自己的追求,他必须离开。

月光皎洁。虽然已是戌时,路上还是亮堂堂的。韩信边走边想:"我有的是本事,离开了刘邦,还有更广阔的天空。项羽刚愎自用,肯定没有好下场;刘邦不用我,也好不了多久。一定有人能够赏识我的才能,让我施展才华!"想着想着,他不由得加快了脚步。

再说萧何,一忙完马上来找韩信,想借商议军粮供应的事探探韩信的口风。他来到韩信住处,只见大门敞开、灯火已灭,进屋一看,席被叠好,人去屋空。"坏了!"萧何一跺脚,他知道在刘邦的阵营里,韩信是最有计谋的,如果他投奔任何一路诸侯,都将是刘邦的劲敌!"追!"萧何满脑子全是这个字。

萧何顾不上告诉刘邦,径直沿着路追了出去。月光下,他隐约看见韩信大步流星的身影。他遂气喘吁吁地边追边喊："韩信——韩信——"看到萧何追来，韩信立刻跑入路边的树林里。萧何站住脚，弓下腰，上气不接下气地说："我，我是来告诉你的，刘邦让我找你。因为你管军粮管得好，军队一路打胜仗，刘邦打算让你当将军！"韩信从树丛中走出来，将信将疑地问："你没骗我？刘邦能重用我？""没错！没错！"实际上，萧何还没有和刘邦商量这个事。萧何明白，必须把韩信弄回去再说。"没错，今天刘邦刚跟我说的，这几天就叫你过去的。""我韩信要当大将军，统领兵马。""成，没问题，你跟我回去再说。"就这样，萧何月下追韩信的故事诞生了！

/ 刘邦升坛拜将 /

第二天，萧何一路小跑去见刘邦。刘邦看见萧何，又怒又喜："你去哪儿了？还以为你跑了呢？"萧何上气不接下气地说："我追跑了的人去了，就是那个韩信！""我这里人多了，跑的也多了，他韩信跑了就跑了呗！"萧何急了："张良走了，现在咱们缺人啊。如果要争夺天下，必须得有一个能够带兵的人！您还记得在巴蜀时从项羽那边过来的韩信吗？淮阴人。"刘邦说："有点印象，这个人怎么了？记得他在你手下干治粟都尉呀！"萧何说："没错，我追的就是他。此人能够带兵，而且计谋甚好。您若向东征讨项羽，必用此人。""那，追回来了吗？我能留住此人吗？""如果您任命他，他就会留下，不任命的话就是把他拱手让给他人了，后果不堪设想。"求贤若渴的刘邦更急了，他恨不得马上就得到一个将军。"就让他当将军。"刘邦果断地说。萧何摇摇头小声说："让他当将军也留不住啊！""那就让他当大将军！"刘邦恨不得马上让韩信走马上任。

事儿就这么定下了，韩信的命运由此改写，汉军的命运也由此改写。

于是，在一个黄道吉日里，刘邦开坛设场，拜韩信为大将军。于是，韩信披挂上阵，汉军的东征大幕拉开。

/ 军粮乃大 /

韩信为大将军后，先是严格操练军队。他说："项羽可以举起方鼎，勇武无人可挡，但那是匹夫之勇，他的军队不全是气力盖世的英雄，因此只要军队操练得当，一定能够战胜项羽。"韩信当过治粟都尉，他深知军队打仗依靠的是粮食，没有粮食的军队，不可能坚持长久，胜仗更无从谈起。当时韩信归附刘邦时，就是在蜀，因此他知道巴蜀的粮食供应是保证军队能够东征的基本条件。萧何统一管理军队的粮食供应，特别是萧何将蜀地出产的粮食沿长江顺流运输到下游，前线的军队可以很快得到粮食，而且在长江中下游平原的战场将是今后与项羽对阵的核心战场。韩信将他的这些想法向刘邦进行了汇报。听了韩信的谋略，刘邦决定留萧何在巴蜀，负责收储粮食，组织运输，为东征的队伍供应军粮。这个决定为今后打败项羽奠定了坚实的基础。

刘邦承认自己治理国家不如张良，发展经济、保证军需民用不如萧何，带兵打仗不如韩信。我要说，刘邦能够使这几个人的作用发挥到最大，是他最得意的成就。刘邦是个伯乐啊！

谋士出大略　刘邦夺蜀获粮得天下

□ 姚　磊

刘邦先进入咸阳后，没有关注咸阳的宝物，而是南下到了蜀地，从而成就了君临天下的梦想。殊不知，下这个战略决定之前，刘邦也被胜利冲昏了头脑，要好好享受咸阳的荣华。就是在这个节骨眼上，谋士们登场了，他们的一番话唤醒了刘邦。于是，汉军挥师南下，夺蜀获粮，终成大业。

*　*　*

/ 狂生看中刘邦 /

话说秦汉时期谋士当中，有个叫郦食其的。他本是刘邦阵营里的一个儒生，除了喜好读书，再无他长。可这个书呆子的心志比天还高，在家乡当衙役时，就是个语不惊人誓不休的主，以至于没人敢多和他说话。久而久之，大伙儿就给他起了个新名字——狂生。郦食其家住高阳。陈胜、项梁等揭竿而起后，所到之处，百姓都怨声载道。郦食其觉得这些人只是匹夫之勇，都不会有建树。而刘邦的队伍不惊扰百姓，他认为可以追随。

这天，刘邦的队伍来到高阳县。郦食其上前拦住一个骑兵，要他给刘邦带话："我听说刘邦礼贤下士，有雄才大略。如果是真的，我愿意跟随他。你就对刘邦说，我郦食其自谓狂生，舍我其谁。"骑兵见这个老头疯疯癫癫的，就对他说："我们主公本就不喜欢儒生，而像你这样的儒生，我家主公见了定会将你扔到粪坑里。"郦食其笑笑说:"就是被扔进粪坑也让你看看笑话,你就把我说的话告诉刘邦。"刘邦亭长出身,生性粗鄙,不拘小节,他的确认为儒生是一群只会叽叽歪歪的人。但刘邦有一个难能可贵的优点就是任人唯贤;说的有道理的话他就听,只要有本事的人他就重用。就是他这个特点,成就了一批历史巨人。那个骑兵把郦食其的话原原本本说给了刘邦,刘邦听后陷入沉思:"我现在就这么点兵马,有人这么看得起我实在难得,而且敢这么大口气说话的人肯定有点本事。现在天下都在讨伐秦国,多一个人就多一分力量,虽然我这一路下来,没吃啥大亏,但是下一步怎么办我也没主意,不如听听这个郦食其的意见。"想到这里,刘邦让人把郦食其找来。

/ 一语道破粮权重 /

郦食其进刘邦营房时,刘邦正在让人给他洗脚。郦食其嘴角向下一撇,对刘邦说:"刘先生,您是义军,但是我得问您,您是要帮助诸侯攻打秦国呢,还是想帮助秦国攻打这些诸侯呢?"刘邦破口大骂:"书呆子,天下的人不爽秦国很久了,所以各诸侯才奋起攻打秦国,怎么能说是帮助秦国攻打各诸侯国这样的话呢?"郦食其仰起头,背过手,踱着步子悠悠地说:"如果是这样的话,你就得制定一个共同的理想,用以聚拢这些乌合之众,才能人心不乱,讨伐无道秦国。我这个糟老头虽然没有别的本事,但就凭这句话,你也得尊重我吧?再说,我也算是个长者了,你最好不要洗着脚接见长者啊。"郦食其的一席话说服了刘邦,他马上请郦食其上座。郦食其侃侃而谈张仪、苏秦合纵连横之事,刘邦听后急切地问:"郦先生,我下一步该怎么办呢?您有什么好计策?"郦食其觉得刘邦是能成就一番事业的人,于是就语重心长地对刘邦说:"您现在的队伍就是一群乌合之众,而且不满万人,要以这样的军队去攻打秦国,无异于羊入虎口啊。"刘邦给郦食其斟了一杯酒,探身问道:"先生,那我应该怎么办呢?""你现在所在的地方是陈留县,这里当为天下要冲,交通四通八达,人口流动大,粮食需求多,周边是粮食主产地。打陈留县城吧,我给你做内应。"

刘邦听了这话大喜,因为当时刘邦手里的兵马虽然不多,也确是散兵游勇聚拢起来的队伍；如果没有粮食、没有军饷，这样的队伍也挺不了多久的。

郦食其的建议切中了刘邦的要害，刘邦怎能不喜呢！就这样，在郦食其的帮助下，刘邦不费吹灰之力攻下了陈留，县城里的粮食尽归刘邦。

/ 成败一念之间 /

秦国被灭后，项羽自诩功高，裂地封侯。项羽和范增怀疑刘邦不服，想对刘邦下手，但又怕背负负约的恶名，因此两个人在一起谋划："巴蜀地区道路艰险，当年秦国将有罪之人流放迁徙到那里，据说那里寸草不生，自然条件恶劣。巴蜀地区也可以说是关中地区，所以封给刘邦也说得过去。"于是，项羽就下达文件，说巴蜀为关中属地，故立刘邦为汉王，将巴、蜀、汉中作为其封地，南郑为都城。为防刘邦造反，项羽又在关中地区设置了3个诸侯，分别是雍王章邯、塞王司马欣、翟王董翳。项羽的如意算盘打得还真不错。

刘邦听了这个消息后，勃然大怒："他项羽凭什么就裂地封王？他有什么资格？我刘邦先进的咸阳！"谋士周勃、灌婴、樊哙赶忙上前相劝："别生气，别生气，咱们从长计议，项羽是阴损，但是咱们也不能气头上打仗，要不会吃亏的啊！"萧何也提高声调说："您被项羽封为汉王，虽然在汉中为王不好，但是总比死掉强吧？我们人不多，虽然是身经百战，但是百战百败，除了死还有啥出路？"大堂上一片沉寂，刘邦看看萧何，又看看其他人，缓缓地说："我们怎么可能死呢，这不是还好好活着吗？"萧何继续说："《周书》说，天给的不去接受，反倒会受其害的。您被封为汉地的王，就是汉王，以汉王配天下非常好。现在您能够在一人之下受委屈，而在其他诸侯之上伸张其志向，这个事情可是商汤、周武王才有的条件啊。我们希望您在汉中称王，那里土地肥美，可以休养生息，招贤纳才，特别是可以收用巴蜀的粮食和财力。当年秦国就是利用巴蜀作为后勤基地，配合汉中的粮食，奠定了统一的基础。您就按照这个路线，回头平定三秦，就可取得天下了。"

备尝有粮甜头的刘邦越听脸色越好，萧何话音刚落，他双手一拍，果断地说:"好,就这么办。"

后来的事大家都知道,刘邦靠着巴蜀粮食的支撑,带领汉军平定三秦,打败项羽,君临天下。今天,回望历史,粮食的重要性不仅是战术的,更是战略的。因此,成败就在这一念之间。

卫青赵信城得粮大获全胜

□ 姚 磊

  天下殷富，财力有余，士兵强盛。汉武帝刘彻决心改变被动局面，对匈奴展开反击。他裁去了惧战的保守军官，大胆启用卫青……在西北大漠中，还有汉地一样的粮食储备，这对于征战多日的汉朝军队来说无异于久旱逢甘霖。卫大将军心里那个高兴啊，他下令打开赵信城的粮仓……

* * *

  自刘邦统一中国后，九州之内再无大战，但是北方匈奴一直向中原地区袭扰。匈奴袭扰的核心目标就是劫掠牛羊、人口、粮食。而汉朝在没有找到解决匈奴问题的办法前，一直采取和亲、给粮等怀柔政策，稳住匈奴。到公元前140年，汉武帝刘彻即位时，汉朝已历经60多年，农业生产恢复，粮食产量稳定，国内没有大的自然灾害，粮食储备量逐步提高，具备了相对雄厚的经济基础。

/ 反击匈奴 /

  天下殷富，财力有余，士兵强盛。汉武帝刘彻决心改变被动局面，对匈奴展开反击。

  但是，打仗光有血性和激情是不行的，要充分考虑进行战争的损失，做好全方位的准备。的确，打匈奴，大汉损失很大。第一，没有对应的战法。汉朝为攻方，匈奴骑兵可以很方便地把汉军引到大漠地区，使汉军没食物没水，不熟悉地形，然后待其疲乏时全部歼灭。第二，向前线运送粮食十分不便。汉军数十万军队，运输粮食也需要兵力，运到前线1斗粮食需牺牲60斗粮食！第三，汉朝骑兵作战方式与匈奴迥异，不会骑射，虽然有了铁甲和环首刀，还是会吃亏。

于是，刘彻召集众大臣商量。

他先表明自己必打的立场："匈奴犯边已经太长时间了，难道我们大汉就任凭他们在我边界掳掠、杀戮吗？"大臣们低着头，弓着身。刘彻看没人应和他的问题，提高了声调："我们汉朝，对匈奴的大量馈赠示好，每年给他们粮食、盐、铁，非但没有满足这些野蛮人的贪欲，反而更激起他们对汉朝财富的觊觎之心。我们汉朝就没有对付他们的办法吗？为什么汉朝要用自己的公主去维护和亲这个无奈的选择？难道我们的军队就不能学学匈奴，在马背上拼杀一番吗？"朝堂上鸦雀无声。

"我汉朝对匈奴仁至义尽，是时候解决这个问题了！但是匈奴铁骑来去如风，散开如尘，我汉朝军队无法与匈奴的骑兵对抗。同时，我军的粮食供应需要民夫协助运送到前线，而运输还要有重兵保护。兵马未动，粮草先行，这次自卫反击战最首要的就是粮食问题。今天我们重点谈一谈这个问题，大家有什么好办法尽管讲出来。"听了刘彻的一番话，大臣们都知道，这仗是必打了，那就开动脑筋为皇上出谋划策吧，立功的机会可不能错过。他们一个个站出来讲述自己的想法，刘彻没有叫停哪一个。时间一分分过去，沉思良久的王恢看出皇上有点不耐烦了，大声说出了自己的计划：在马邑设下埋伏，用计诱使匈奴单于，一举消灭。刘彻点头同意。

说干就干，但很可惜，王恢的计划没有实施成功。它带来的结果是：汉朝彻底站到了匈奴的对立面，大规模战争一触即发。

/ 屯兵实边垦荒保粮 /

汉武帝将眼光放到了秦朝。他忽然想到：秦朝时，匈奴单于曾一度被大将蒙恬所击败，逃往漠北，10多年不敢南下；究其原因，就是因为秦朝建造了长城；长城的作用不仅是防御工事，更是信息源，是士兵屯垦的基地。

"屯兵边境，实边戍边，不仅能保证屯垦城邑的粮食供应，平日为民，战时为兵，保证国家财政能够集中到军事训练和粮食储备上，更是为大规模的讨伐匈奴建立了前进的基地。"汉武帝的战略构想在心中勾画出来。

就这样，果敢的刘彻将大量民众迁往边境，在那里建立城邑，将屯垦任务下达给城邑的主官，同时还对边郡居民进行军事训练。慢慢地，在汉朝的北部边境，逐渐形成了以城邑为代表的军屯。就这样，匈奴小规模的犯边活动得到了有效遏制，同时在边境实现了军队的粮食自给。

/ 塞外获粮大败匈奴 /

守，永远不是汉武帝的战略。他裁去了保守惧战的军官，大胆启用卫青等一批年轻的将军。

大漠黄沙，落日残阳，塞外的风很大。大将军卫青带着几十万骁勇善战的士兵，出兵匈奴。大军出塞千里时，正好遇到伊稚斜单于摆好的阵势。

卫青冷静地命令用军中的武刚车环列为营，派出5000精骑与伊稚斜交锋。战斗中，卫青又令军队分左右两翼包抄。伊稚斜见汉兵强盛，心中不安，到傍晚时分，偷偷骑上马，在数百名匈奴勇士的保护之下突围逃走。卫青察觉之后，急命轻骑追击200多里，最终没有赶上，让其侥幸逃脱。

随后，汉军如入无人之境，继续清剿匈奴余众，前后斩杀万余人，一直杀到赵信城。

赵信城是以向匈奴称臣的汉人赵信的名字命名的城邑。赵信给匈奴单于提出了很多战略建议，深得单于赏识。单于令其作为谋士，谋划攻打汉朝的计划。正所谓："骨子里的东西是很难改变的。"作为汉人，赵信的思维方式总也走不出中原的圈圈，比如征粮实仓这些农耕区域战略。依着赵信的理论，匈奴掳掠汉民的时候，每次都把粮食带走，存放在赵信城。

在西北大漠中，还有汉地一样的粮食储备，这对于征战多日的汉朝军队来说无异于久旱逢甘霖。卫大将军心里那个高兴啊！他下令打开赵信城的粮仓，将粮食分发给士兵，汉军士气大振。

尝到粮草甜头的卫青没有被赵信城的意外收获而变得沾沾自喜，而是更加重视军粮储备。他深知自己的军队深入匈奴腹地，缺粮少食的风险时刻存在；天高皇帝远，远水解不了近渴，军粮供应只能靠自己。于是，他在赵信城将军粮备齐后，从容班师。

　　自此，匈奴再没有那么猖狂了，漠南也再没有匈奴的王廷存在。匈奴躲在漠北寒苦之地不敢再对汉朝有非分之想。汉武帝对匈奴发动的决战最终取得了圆满的胜利，所作的战略设想全部实现。

周亚夫善纳"粮"谏平定七王叛乱

□ 姚 磊

孝景三年（公元前154年），楚王自广陵起兵，以"诛晁错，清君侧"为名的七王叛乱正式拉开帷幕。汉景帝任命周亚夫为大将军，平定叛乱……

* * *

自公元前202年起，刘邦陆续通过削藩，废掉了除长沙王吴芮之外的6个异姓藩王。因为刘邦认为，秦朝不稳定的原因就是采用了郡县制，没有将土地分封给同姓王侯，导致内乱不堪，所以刘邦在异姓王的土地上重新分封了刘氏子嗣作为藩王。

但刘姓藩王也不是完全靠谱的。随着时间的推移，有的藩王势力日益壮大，不仅自给自足，而且训练士兵豢养武装，形成了自己的军队，比如吴王刘濞。

的确，对于一个中央集权制的国家来讲，藩王实力过大，极易导致不稳定。所以，朝臣们一再提出削藩的建议，但汉文帝性情宽和，不忍将这些同姓藩国削除。直到汉景帝即位后，藩王的势力日益强大，而且有的直接挑战汉朝王庭。于是，削藩的意见又被朝臣提上了朝堂。

/ 削藩引发七王之乱 /

首先站出来的是御史大夫晁错，他的削藩建议直指刘濞。

刘濞心中大惊："我地处东海之滨，煮海成盐、粮食丰收。皇上看我地利位置优越，要夺我土地，看来是不念手足之情了。要是这样，你逼我我反，那我就不得不反。"想到这里，刘濞谋反之心已决。

虽然刘濞经营自己的藩国二十多年，但毕竟造反是大事，还得拉点朋党支持才行。因此，他派应高到胶西王处游说。应高见到了胶西王，对他说："大王，我此行前来，特表吴王心意。当今圣上任用奸佞朝臣，听信其谗言，对各藩国的税赋征用日益增加。古语说'猞糠及米'，看来削藩是早晚的事。"经过应高游说和各藩王联络约谈，最后以吴王为首的七国宣布造反。孝景帝三年（公元前154年），楚王自广陵起兵，以"诛晁错，清君侧"为名的七王叛乱正式拉开帷幕。汉景帝采纳袁盎的建议，杀掉晁错，希望兵不血刃地平息七王叛乱，但是叛乱的目标哪里是为诛杀一名大臣那么简单！瞧，吴、楚的军队一路向西直奔雒阳……汉景帝任命周亚夫为大将军，平定叛乱。

/ 周亚夫善纳"粮"谏 /

周亚夫一路风尘赶到荥阳，顾不上安营扎寨就马不停蹄地到雒阳见雒阳主将剧孟："圣上听说了七国叛乱，派我统领大军涤荡反贼。来的路上，我心里非常担忧，就怕这些乱臣贼子已经说动剧孟将军您。""不敢当，我乃大汉臣子，镇守大汉江山是我本分之事，岂可让那些贼人得了便宜？纵使叛者是皇亲国戚，按照景帝指挥，必定涤荡穷寇，稳我汉朝根基。"剧孟抱拳说道。"剧孟将军对我景帝忠心不二，有你镇守雒阳，我镇守荥阳，这样荥阳以东的乱党就没什么可担心的了，平定叛乱指日可待。"听了剧孟一席话，周亚夫悬着的心终于放下。

接着，周亚夫找到他父亲的客卿邓都尉，毕恭毕敬地请教："景帝任命我为东征将军，目标就是平定七王叛乱，您是我父亲的客卿，我对您崇敬不已，而且您是难得的谋士，现在的叛乱军队正要向西进攻，我们该如何应对？"邓都尉沉思半响，语重心长地说："少将军，承蒙景帝恩惠，喜得少主赏识，这些年来，老朽在淮阳对吴、楚略知一二。吴王、楚王此次叛乱不是临时起意，更不是诛杀晁错就能够解决的，吴、楚的军队训练有素，军事技能十分过硬。如果没有数量上的绝对优势，我们很难得到什么便宜。但是楚国的粮食供应是弱项，因此兴兵时间不会太长。按照目前的情况，我认为，少将军您不如避其锋芒，拖住叛军。因为现在青黄不接，到时他们的粮食供应不上，锐气很快就会耗净。从天时、地利来看，您可以将军队向东北调动，在昌邑建立防线，而且要重兵防守，将东面的梁城送给吴、楚叛军。"见周亚夫略有疑惑，邓都尉接着说："少将军，不要迟疑，梁城早在春秋之时已是诸侯纷争之地，虽然那里是交通要道、粮食充裕，但是毕竟无险可守。虽然现在梁地军队较多，但是作为消耗吴楚军队来说，是一个绝佳之选。您在昌邑挖掘深壕，积累土石，然后派出轻骑兵攻打淮水和泗水的渡口，将吴楚军队的运粮通道隔断，同时将吴军和楚军分割开。到时吴楚军队要么回防粮食通道，保证军粮供应，但是进攻势头锐减；要么尽力进攻，夺取昌邑后才能获得粮食供应。只要您能够坚持拖住吴楚军队，做到坚壁不出，没粮食的军队，势必散乱，到时平定叛乱就是囊中取物。"周亚夫越听越喜，最后朗声说道："好，谢都尉教诲，就这么办。"

/ 吴王轻视粮安命丧东越 /

其实，吴国也有人为刘濞出"粮"策。

这天，吴国少将军桓对刘濞说："大王，我们吴国的军队多步兵，而步兵在崎岖不平的环境中作战最有优势，汉朝的正规军多用战车和骑兵，因此在平原地区我们不可能战胜汉的正规军。我建议大王不要过多贪恋城池，一直向西，疾攻雒阳，占据敖仓，在粮食供应充足的情况下，将汉朝的军队挡在函谷关内。这样不仅可保障军队的粮食供应，更能将汉朝军队的优势削弱，到时候天下就是您的。"刘濞问吴国老将，老将说："此少将军虽然勇气可嘉，但是他根本没有战略考虑，根本不知道什么是最重要的战略问题。"结果桓将军的建议算是白说了。

就这样，空有一腔热血的刘濞对粮食安全的轻视和误判，注定了他反叛的失败。

而按照邓都尉的建议，周亚夫在昌邑筑城实防，而且将昌邑附近所有的粮食全部收回，同时派驻骑兵部队，攻打淮水、泗水渡口，切断吴楚军队的粮道。面对汉军的坚壁清野，刘濞知道自己走到了失败的边缘。绝望之时，刘濞希望与周亚夫决战，但周亚夫根本不应战！最后刘濞军队粮绝，士卒或饿死，或为了活命逃散，刘濞败局已定。

　　周亚夫乘胜追击，刘濞率败卒逃到长江以南的东越国。汉朝通过策反，让东越人杀掉了吴王刘濞。这时楚王刘戊也兵败自杀。持续3个月的七王叛乱就此宣告结束。

赵充国屯田戍边保国安

□ 姚 磊

解决一次叛乱是战术，如何保持边疆的长治久安就是战略问题了。考虑到能够长期稳定北部边疆，赵充国向汉宣帝上《屯田奏》。其中，他结合多年征战边疆的经验陈述屯田的优势……

* * *

汉武帝击败匈奴，不仅是军事上的胜利，更通过屯田制，巩固了边防，使粮食供应与军队戍边的矛盾得以解决。在屯田戍边的边将中，赵充国的事迹最让人津津乐道。

/ 被围缺粮果断突围 /

汉武帝时，赵充国作为副司马跟随贰师将军李广利攻打匈奴。因为当时情报有误，加上匈奴骑兵相当彪悍，汉军兵马被匈奴分割围困。李广利是汉朝的名将，更贴切地说他是汉武帝的远房亲戚，匈奴人自然非常想得到这个俘虏。于是，匈奴单于调集重兵，将李广利团团围住。

李广利眉头紧锁，他深知此战凶多吉少，唯有突围。的确，这次深入匈奴腹地作战，计划速战速决，所以军粮根本没带多少，而是按照当时汉军骑兵的配置，每个人只携带了大约一周的口粮。作战计划赶不上战场上的风云变幻。经过与匈奴军队的几次战斗，战争非但没按计划速战速决，反而被围，且军粮所剩不多，而一心抓活口的匈奴人并不急于进攻。

面对残酷的现实，赵充国与李广利达成共识：与其坐以待毙，不如拼死一搏。于是，赵充国带领100多人的敢死队，冲入匈奴阵营，杀出一条血路，李广利带领军队紧跟赵充国突出重围。

/ 平判上策以粮为本 /

汉宣帝时，羌族部落大豪（头领）靡当儿派遣弟弟雕库来向都尉报告先零部落将要谋反，没过几天果然反汉。雕库部落的人在先零部落中生活，因此都尉认为雕库是共谋，就把雕库留下作为人质。赵充国认为这样做只能激化矛盾，因此立即让雕库的人告诉本部落民众，汉军前来是平叛的，凡是羌族中的有罪之人必定不饶，但是如果能够协助将叛乱之人剿灭的论功行赏。赵充国是想凭威信招降部落及被掳掠者，瓦解羌族联合反叛的计划。

这时宣帝已调发包括三辅、三河、颍川、沛郡、淮阳、汝南、金城、陇西、天水、安定、北地、上郡的骑兵，还有武威、张掖、酒泉的驻屯军，共计6万人平定叛乱。当地太守需负责筹集兵马粮草，酒泉太守辛武贤上奏："郡兵都守备在南山，北边边防空虚，时间长了必然会有变乱。现在敌兵朝夕侵扰，当地寒苦，而且汉军之马不能过冬，驻守在武威、张掖、酒泉等地有1万多骑兵，马匹大多瘦弱不堪，难以担负起征讨敌兵的重任。我们可以增加马的饲料，在7月上旬，让马匹驮运30日口粮，分兵并出张掖、酒泉，合击叛乱的部落。羌人以畜产为生命，如果我们汉军分兵出击，虽不能全部剿灭，但是能够重创叛乱部落，只要夺了他们的畜产，然后退兵，冬天再次出击，羌人必定闻风丧胆，不敢作乱了。"宣帝将辛武贤的奏书交给赵充国，命他与知羌事的大臣再讨论一下。赵充国看了看说："纯粹是纸上谈兵！"他觉得这个建议根本没有操作性。他与长史董通年上书，大致表达了如下的观点：

辛武贤打算让上万骑兵分两路出张掖，迂回千里去攻打先零羌，战术上看这个方案是非常好的，但是操作起来非常困难。当年武帝是举全国之力，且兵强马壮，而目前的骑兵是杂牌部队，的确不适驰骋千里。

再则，汉军的一匹马能驮负30日粮食，以此计算，大约能够折合米二斛四斗、麦八斛，如果再算上衣装兵器，追击起来，马实在受不了。即便将士们辛辛苦苦到了目的地，羌人也不会与我正面接触，他们有水草就能放牧生活，并且将自己的部队隐入山林。

汉军若深入，羌人将会利用地理之便，随即占据汉军前后险要之地，而汉军的粮食供应通道将拉得很长，羌人势必切断汉军粮道，那就太危险了。

武威、张掖地处北部边塞，有水草，适宜放牧，估计匈奴与羌族必有预谋，打算大举侵扰。按照地理情况，估计他们希望阻塞张掖、酒泉，以断绝汉朝与西域的交通，所以那里的军队尤其不能调动。还是建议对羌族各部根据主谋与胁从的不同情况区别对待，严惩主谋者，宽恕胁从者，选择了解羌俗的良吏抚慰羌民，这才是万全之策。

宣帝将赵充国的上书发给群臣，群臣认为赵充国的建议非常实际而且有操作性。于是，宣帝采纳了赵充国之策，羌人叛乱很快被平定。

/ 边塞屯田稳定边疆 /

解决一次叛乱是战术，如何保持边疆的长治久安就是战略问题了。考虑到能够长期稳定北部边疆，赵充国向汉宣帝上了《屯田奏》。其中，他结合多年征战边疆的经验陈述屯田的优势："我带兵打仗，兵马、牲畜消耗的粮、盐、草等数量巨大，而且将会耗费大量的徭役，徭役势必占用我们国家的农业人口。如果长时间用兵，徭役征用不止，就会直接影响农业生产，时间长了还可能发生其他变故，可以说解决羌人的叛乱用强兵会留后患。"在政策建议方面，赵充国提出，在临羌至浩亹一带，不再布置与羌人直接作战的骑兵；招募民众，筑城墙，修缮房屋，疏浚沟渠，开荒种地，大力恢复农业生产；进行屯田，只用很少的士兵卫护屯田基地，以解决当地屯田人员的粮食供应；将人员聚集起来，保卫驻屯的安全；开垦荒地，减少徭役征用，促进农业生产。这样叛军不能有效地集中，就有利于安全管理。军马草料的消耗、士兵的食物问题解决了，多余的粮食还能充实国库。

听到此，宣帝问："如果实行屯田策，对汉朝固然是好，但是若羌人叛乱怎么办？"原来皇帝还想一劳永逸，赵充国劝道："皇上，羌人与汉民一样，都有避害就利、畏死亡的思想，因此如果顺应天时，利用地利，实行屯田新政，到时候一定不会有叛乱了。目前，羌人已经动摇了，前后来降者万余人，后来听了您的感召政策又归顺了不少羌人。"对于战略，赵充国想得更多："汉军屯田搞好战备，不仅可以以逸待劳，而且还能防止匈奴、乌桓对大汉的威胁"。宣帝还是不放心，将赵充国的奏本交给公卿讨论。几番争议切磋后，宣帝肯定了赵充国的策略。因担心屯田可能受到侵扰，宣帝又诏令辛武贤、许延寿与赵印等出击，取小胜便可收兵，助赵充国屯田。就这样，屯田策稳大汉边疆，赵充国名留青史。

王霸：欲速战速决说明粮草不足

□ 姚 磊

苏茂救周建，所带军队骑兵为多，因此运动速度快，而速度快就说明他的粮食不足。苏茂虽然抢了马武的粮食，也只能解燃眉之急，所以他希望全力进攻，以求倾全力一击而胜。我们拖的时间越长，对他就越不利……

* * *

在东汉初年的统一战争中，汉光武帝刘秀麾下各路将军不仅能征善战，对战略战术的运用也是炉火纯青。比如，讨伐梁王刘永部将周建那一战，偏将军王霸就大玩拖延战术，逼败对手苏茂。

/ 王霸其人 /

王霸是刘秀阵营中的一员猛将，来自颍阳。由于自小喜爱法律，就在本地的监狱里做了一个狱官。王霸是个有志向的人，常向父亲表示不愿做小官吏。说得多了，父亲也开始觉得他不一般，索性同意并资助他到长安求学。到刘秀起兵时，王霸已学成归来，很希望能有个机会施展自己的才华。

这天，刘秀带兵路过颍阳，王霸带着父亲和自己的一班门客向刘秀自荐："将军您起义兵，是为天下求平安，我仰慕您的威信品德，毛遂自荐在您军中当兵效力。"虽说素不相识，但听了这样的话，刘秀还是高兴得不得了："我做梦都想同你这样德才兼备的人一起建立功业，非常欢迎你加入。"就这样，王霸跟着刘秀走了，但是一打败王寻、王邑，他就返回了家乡，原因很简单：当时刘秀带的兵马粮饷不足以支撑那么多的宾客，而且部队的后续粮草有限。

缘分这类事还真是说不清。没多久，刘秀升任司隶校尉，再次路过颍阳，王霸又义无反顾地跟随刘秀到洛阳。从此，王霸随刘秀一路征战。当刘秀被任命为大司马时，形势不太乐观：刘秀手中粮少、钱少，而且周边敌手都相当强悍，当初跟王霸一起投靠刘秀的几十个宾客接连离去。只有王霸矢志不移，深得刘秀赏识。刘秀到达信阳，发兵攻破邯郸，王霸追击败军斩杀王郎，获得其印绶，被封为王乡侯。

/ 讨伐周建　马武押粮被抢 /

建武四年（公元28年）秋，刘秀亲临谯县，派王霸和马武讨伐梁王刘勇的部将周建。梁王的另一骁将苏茂带领4000人马赶来救援。当时，梁王是函谷关以东地区较大的地方割据势力，兵强马壮，而且骁勇善战。

刘秀的军队应该是主动进攻，且采取了围攻战术。疾行进兵，粮食输送须源源不断，粮草一般在大部队后面，故后勤供应线较长。考虑到此任务极重，刘秀专派马武将军负责军粮押送。

苏茂也是一员经验丰富的将领，他深知自己带领4000多人救周建，与刘秀的部队硬拼不行。他的思路很明确：王霸围攻周建，必定是远离自己的老巢，且粮食供应全靠自己的运输队，当务之急是瓦解围攻部队，最好的法子就是直接攻击其军粮运输队，这样不仅能够分散刘秀的兵马，而且在一线的王霸部听说粮道被断后，必定军心大乱，这时自己带的救兵就能轻易地将王霸军队赶走。

说干就干，苏茂毫不犹豫地从4000多人里抽调200人组成骑兵分队，截击马武运粮车队。这些骑兵是马茂亲自训练的精锐部队，虽不能说以一敌十，但作战骁勇，对付不是正规军的军粮运输队绰绰有余。粮草辎重被苏茂的骑兵队抢去的消息传来，马武大急："坏了，我粮草被劫，军心势必动摇，得赶紧发兵救援。"一切按苏茂的思路进行。就在马武领兵反击之时，在城内的周建立即出城，与苏茂军队会合形成夹攻之势，将马武的军队包了饺子。此时，马武自恃王霸在附近驻扎，就没有撤军，结果被苏茂、周建击败。他带着残兵败将一路跑到王霸营垒，大声呼救。

/ 以粮定战术逼败苏茂 /

王霸看到这个情形，知道后面的仗不好打了。他对部将说："苏茂、周建的部队刚刚打败了马武，现在士气正盛，而且他们来的目标就是打败围攻周建的部队。如果我们现在出营作战，一定会两败俱伤。"说完就要求军校紧闭营门，坚守壁垒，不搭理周建。

将士们不满意王霸这种做法，跟他争执："主帅，我们士气正旺，不能就这样低头，前面的弟兄就这样白白送命了吗？""我们来就是灭他周建的，他不投降还逞英雄了，我们要灭他的威风！"王霸耐心地向大家解释："苏茂救兵刚到，人数众多，锐不可当，如果硬拼杀，敌一千自损八百，我军军心必会动摇。马武将军和我一起攻打周建，他一定以为我能够随时救援，所以才导致失败。现在我们坚壁不出，让马武将军知道我们不去救援，这样那帮逆贼一定乘胜追击，而且会轻装前进。而马武将军见我不去救援，必定背水一战，军队的战斗力也定会大增。到时苏茂的军队疲惫了，我们再出击，就一定能克敌制胜。"果然，苏茂、周建倾巢出动进攻马武，马武与之激战了很久。这时，王霸营中数十将官心急如焚，断发请战。王霸见部下锐气已盛，便率领精锐骑兵冲出营垒，猛袭敌军后阵。周建、苏茂从包围马武变成了被包围，前后受敌，部队大乱。

周建、苏茂吃了哑巴亏，但他们毕竟身经百战，很快重新聚集了部队，再派大将到王霸营前挑战。王霸还是坚守不出，并且在营中设宴犒赏将士。

苏茂命令向王霸营射箭，一时间箭密如雨。但即使一支箭射中了王霸的酒杯，他依然安坐不动。部将们气不过向王霸请缨出战："主帅，我们前日已经把苏茂打败，今天他上门送死，我们必叫他人头落地。"王霸换了一个酒杯，看了看他们，慢慢说："诸位将军，咱们还不能出营作战，硬碰硬地去打仗，那是莽夫所为。你们看苏茂带兵救周建，所带军队骑兵为多，因此运动速度快，而速度快就代表他的粮食不足，他们虽然抢了马武的粮食,也只能解燃眉之急。所以,他希望全力进攻,以求倾全力一击而胜。我们拖的时间越长,对他就越不利,而且周建也不会有多少粮食给苏茂。这就是兵法上所谓的'不战而屈人之兵,善之善者也'。"王霸一番话说得众将心服口服。

苏茂、周建求战未得,只好带着兵马向营垒返回。历史总是有惊人的巧合,当天夜里,周建的侄儿周诵在城中起事,紧闭城门,不放苏茂、周建入城。苏周二人只好偷偷逃跑,而周诵则献城降汉。王霸没费一兵一卒战胜苏茂和周建。后来,刘秀派王霸在新安、函谷关屯田,然后夺荥阳、中牟。

征讨赤眉军，邓禹备尝粮食甘苦

□ 姚 磊

西汉末年，赤眉军叛乱，天下农事荒废。刘秀起兵，征讨平抑内乱，意欲建国立业。在汉光武帝刘秀身边有一群谋士，他们不仅德才兼备，而且深谋远虑，为东汉立下汗马功劳。而在这些谋士的征战谋略中，粮食始终是中兴建树的根本。

* * *

/ 邓禹出山 /

西汉末年，农民起义风起云涌，各地豪强纷纷招兵买马，拥兵自立。

大概在公元23年，更始帝刘玄希望通过更改年号的办法取得政治上的变化，但毕竟西汉已经是破船一条，风雨飘摇了。乱世出人才。瞧，邓禹出山了！这个邓禹乃南阳新野人士，是有名的才子，上知天文，下晓地理，带兵打仗、治国安邦的本事不小。新野的同乡都希望邓禹能够起事拥兵自立，但邓禹不肯。当时，刘秀在河北镇，邓禹闻讯，立即渡河，追至邺城与刘秀相见。仅交谈了几句，刘秀便大喜：这等治国安邦的奇才必为我所用！于是留邓禹同宿彻夜长谈。

邓禹对刘秀说："更始帝面临的乱局是全面的动乱，各地赤眉乱军力量不断增强，虽然他人在函谷关以西，自己可以偏安一方，但是华山以东地区几乎都被赤眉军占领，而且在三辅地区的叛军动辄上万人，军力较强。

更始帝虽然没有直接受到乱军冲击,但他根本听不进忠义良言,因此各地豪强皆以平叛为名,实为叛乱。他们的核心目标就是掠夺金银粮食,这帮强贼图的是一时之快,没什么深谋远虑,故今后四方分崩离析的形势已经显现了。"刘秀频频点头,认为十分在理。

邓禹接着说:"主公,您深明大义,虽有建藩辅王之功,但是面对这种形势根本不能有所建树。于今之计,您不如广募天下英雄豪杰,取悦民心,犹如高祖刘邦一般,建功立业,救万民于水火之中。"刘秀大悦,对邓禹更为敬重,令左右呼邓禹为邓将军。

/ 重粮轻松取长安 /

河北割据势力王郎起兵叛汉,邓禹随刘秀被迫离蓟县至信都县。刘秀问邓禹:"天下郡国都在这张地图上了,现在我们总算攻打下来一个。你原先说我还不能思虑天下,这是为何?"邓禹说:"现在四海之内都在乱局中,但是人民不愿叛乱,希望明君,犹赤子之慕慈母。自古建邦立业的贤君有德,四方皆归附,不在于自己的地盘有多大。"经过多次征战,河东地区已经平定,邓禹又率得胜之师于汾阴渡过黄河。这时赤眉军已经进入长安,烧杀抢掠,百姓们恨极了,根本不愿意拥护他们。大家伙儿听说邓禹军纪律严明,沿途秋毫无犯,而且所向披靡,多次打败赤眉军,所以都祈祷邓禹胜利。于是,只要邓禹的军队路过,无论老幼,都拿吃的来犒劳他们,邓禹名震关西。

邓禹很冷静,他对军粮看得很重。当时有人劝邓禹直接进攻长安,他是这么对将领们说的:"我们现在还不能进攻长安,我们虽然人数不少,但是能征善战的猛将还是少。长安已经被赤眉军掳掠过,粮食肯定短缺。再看我们,长时间的征战,粮食消耗不少。大家都晓得,后勤运输是咱们的软肋,因为君上能够供应我们的军粮毕竟极少。赤眉军刚进入长安城,充实了军粮,而且刚刚得胜,锐气难当,我们很难占到便宜。"

听到这里,将领们面面相觑。邓禹话锋一转,说:"赤眉军毕竟是一群盗贼,没有长远的打算,他们现在粮食、金银很多,但是可能会出内乱,到时候还能守住长安吗?上郡、北地、安定三郡,地广人稀,土地丰饶，粮食产量高，有很多存粮，因此我们应该向北，休整队伍，静观其变。"事情果然如邓禹所料，邓禹大军北向栒邑，所过郡县陆续归附之时；赤眉军内乱，主力向西到扶风。邓禹探得长安空虚，不费吹灰之力，便进驻长安。

/ 被胜利冲昏头脑 /

之后，邓禹在与延岑的蓝田之战中没捞到啥便宜，原因还是缺粮。

汉中王刘嘉向邓禹投降。但刘嘉相李宝傲慢无礼，被邓禹斩杀。李宝之弟收容李宝余部攻打邓禹，斩杀将军耿欣。因为邓禹军队缺粮，归附的人便相继离散。此时，赤眉军又反攻长安。激战打响，邓禹手中没有多少粮食，只得带着军队退至高陵。军粮没有着落，军士饥饿难当，只能吃当地的枣和野菜。刘秀让邓禹收兵，告诫他："你勇气可嘉，但是还需要战斗经验。赤眉军出长安城是一时内乱，他们根本没有粮食。东面有长安城的储粮，粮食产地也在长安以东，所以他们一定会来东面的，你不要再恋战了，到时候我们守株待兔，就可将其歼灭。"刘秀所言极是。赤眉军虽是乌合之众，一路上烧杀抢掠，但是在战斗中也能将粮食作为武器，抗击围剿的汉军。建武三年（公元27年）春天，奉刘秀之命，邓禹与冯异率部至湖县进攻赤眉军。冯异认为赤眉军军力较强，应将主力放过去，东西夹击才能获胜。邓禹及其部将车骑将军邓弘邀功心切，率部与赤眉军大战一天，结果赤眉军假装战败，弃辎重而退。

这里插播一点背景材料：汉朝连年征战，农事荒废，粮食产量少，军粮供应不济，将士们经常饿着肚皮作战。

这不，一天激战下来，饥饿难当的汉军看到赤眉军丢弃的辎重，队伍立即散乱——全都抢粮去了。

实际上，赤眉军将车上装满泥土，仅用豆子覆盖在表面，根本就是声东击西的招数。就在邓弘的士卒争相取食之时，赤眉军趁机猛攻，邓弘军大败。邓禹、冯异赶紧强攻，解救邓弘，才击退了赤眉军。但是邓禹的军队已经伤了元气，两面夹击的战术行动以大败告终。邓禹仅带24骑逃归宜阳，冯异亦被击败，弃战马徒步逃出，退至回豀阪坚壁自守。

屯田修耕支撑曹操克定天下

□ 王丽芳

严酷的现实和诸多教训使曹操深深地体会到粮食之于军事，是重中之重，尤其在生产遭到严重破坏的情况下，不设法解决军粮问题，在群雄逐鹿的时代是站不住脚的，更谈不上吃掉对方、兼并天下。于是，屯田制诞生了……

* * *

东汉末年，天下大乱。董卓以勤王为名，率西凉10万大军来到京都洛阳。他自恃手握重兵，废帝刘辩为弘农王，立陈留王刘协为献帝，把持朝政，惑乱朝纲，搞得朝中一片混乱。

满朝文武大半皆附于董贼。几个正直的大臣，或被杀害，或敢怒不敢言，或离京而去。董贼也愈发大胆放肆。这时，王允、曹操等几人挺身而出。曹操以献刀为名，行刺董卓。可惜，董贼老奸巨猾，曹操意图被识破，行刺未成，只人匹马逃出洛阳。

逃到陈留的曹操，散尽家财，又得到孝廉卫兹的帮助，组织约5000义军，于公元189年12月起兵讨董。

/ 备受缺粮困扰 /

起兵之后，曹操便经常被粮食问题困扰着。先是曹军到荥阳汴水时，遇上董卓大将徐荣。双方交战，曹军落败，曹操更被箭射中，坐骑也受伤，无奈退至酸枣（今河南延津西南）。在酸枣，曹操建议袁绍领河内兵到孟津，酸枣将领进驻成皋，占据敖仓，但诸将不听。讨伐董卓失败后，曹操到扬州（今安徽寿县）募兵，得千余人，再度北上，因粮食不足，许多新兵叛逃；东征徐州陶谦时，由于欠缺粮草，不得不中途退兵；同吕布争夺兖州统治权，粮食接济不上，无奈罢兵守望，幸得程昱在自己所辖的东阿为其解决了3天的军粮；即便是前往洛阳迎汉献帝，也遭遇了粮荒，若不是新郑县令杨沛把储存的桑葚干拿出来让将士们暂时充饥，后果不堪设想……严酷的现实和诸多教训使曹操深深地体会到粮食之于军事，是重中之重，尤其在生产遭到严重破坏的情况下，不设法解决军粮问题，在群雄逐鹿的时代是站不住脚的，更谈不上吃掉对方、兼并天下。

/ 强兵足食，下达《置屯田令》/

曹操非常聪明，他结合自己的亲身经历，从历史中吸取经验，定下了立国之本——强兵足食。公元196年，将汉献帝接到许县（今许昌）后，他毅然决定推行屯田制。他在下达《置屯田令》时说："夫定国之术，在于强兵、足食。秦人（秦始皇）以急农兼天下，孝武（汉武帝）以屯田定西域，此先代以良式也。"在发布屯田令的同时，曹操任命枣祗（原东阿县令）为屯田都尉，任峻为典农中郎将，负责经营管理屯田事宜。

实行屯田需具备两个重要条件：一是国家要有直接控制的土地，二是要有相当的劳动力。就前者来说，连年战乱，地主和农民死亡流散，大量土地荒芜，无人经营，使曹操政权直接掌握了不少已开垦的土地。就后者来说，曹操先后镇压招抚了青州、颍州和汝南的黄巾军，他们有耕牛、农具，可以从事生产。枣祗、任峻等人便把黄巾军中的一些人组织起来，以军事形式加以编制，形成屯田民。此外，曹操还广泛招募各地流民，采用同样办法，将其组织起来，提高生产力。

屯田的基层组织为屯，每屯约有五六十人，由屯田司马管理。屯田组织不统属于郡县，而是自成一个系统。官员有典农中郎将（相当于郡守）、典农都尉（相当于县令），直接隶属于朝廷的大司农。屯田农民称屯田客，是直接接受国家地租剥削的佃客。

/"计牛入谷"和"分田之术"/

屯田制开始实行时,不少人主张采用"计牛入谷"的办法,即按使用国家耕牛的多少向国家缴纳定额租谷。这个不管收成好坏定额收租的办法,遭到了枣祗的反对。

枣祗反对的理由是:按"计牛入谷"的办法,收成好的年份,国家的收入不增加;收成坏的年份,农民的负担不减轻。"那你有什么好的法子既不让国家蒙受损失,又能使农民接受呢?"曹操问枣祗。

枣祗等的就是这句话,他胸有成竹地提出了"分田之术"。"我认为可以根据每年的实际收成按一定的比例缴纳租谷,丰收多纳,歉收少纳。屯田客用官牛耕种的,要将收成的60%交给国家,自得40%;如用自己的牛耕种,收成各得50%。"曹操笑了,他连连称赞道:"这个'分田之术'很有道理,很有道理!"其实,枣祗的这个"分田之术"剥削比例是相当高的,同汉代佃户的地租负担差不多。但是,屯田农民不负担兵役和徭役,比汉代佃户负担轻些,所以在相当长的时间内能够实行下去。屯田制民屯的收益是显著的,头一年国家就得谷百万斛,大约6万吨,有力地解决了军粮问题。之后,随着曹魏统治地区的不断扩大,屯田的地区逐渐增多。除原来的民屯外,在一些军事驻地又建立了军屯,就是由士兵担任生产者,战时作战,平时务农。中华人民共和国成立后的生产建设兵团好像实施的就是这一体制。民以食为天,国以粮为本,曹孟德做得还真不错。

屯田制的推行,使许多流民重归故土。生计问题解决了,生产积极性自然高涨起来,于是国力恢复,粮仓充足,曹操可以大踏步地完成自己的军事梦了。事实也确如曹操所愿,丰厚的粮草有力地支撑了他对其他割据势力的战争,最终大败袁绍。后来,在追思枣祗的功绩时曹操明确指出:"(枣祗)为屯田都尉,设施田业,丰足军用,摧灭群逆,克定天下,以隆王室。"并认为这是"不朽之事"。

粮为筹码，吕布辕门射戟救刘备

□ 姚 磊

> 灾祸之年粮食紧缺，老百姓吃不上饭，军队的粮食也供应不上，所以粮食就成了军阀之间结盟的一种筹码……

* * *

东汉末年，连年灾祸，群雄四起，逐鹿中原。当时曹操、袁术、吕布是几个比较大的军阀。灾祸之年，粮食紧缺，老百姓吃不上饭，军队的粮食也供应不上，所以粮食就成了军阀之间结盟的一种筹码。

/ 为活命，吕布期待有粮军阀 /

曹操听说吕布投奔了刘备，随后带领军队直接杀奔吕布军营。曹操急切打败吕布，因为他知道吕布乃一豪杰，当年斩杀董卓，在群雄中颇有名声，如果吕布做大，必与之争锋。

吕布带兵打仗也很有一套，结果曹操和吕布杀了不知多少回合也未分胜负。转眼3个月过去。当时，连年战祸，农事不济，而且天热干旱，蝗虫也来凑热闹，老百姓根本没有吃的，有的地方还上演了人吃人的惨剧。眼看补充军粮的希望在现实面前破灭，吕布只得带领军队在山阳县驻扎，寻求粮食。战乱年代，皇帝的日子也不好过，只瞧着大臣以野菜充饥就晓得粮食问题有多严重了。于是，选择有粮、有钱的军阀就成了活命的第一选择。

打刘备，袁术许诺送粮上门

当时，刘备正和袁术在淮水对峙。袁术一直想找个机会灭掉刘备，他把眼光落到了吕布身上。袁术知道吕布杀了董卓之后力量有限，必然会与他人联合，因此袁术打起了借刀杀人的如意算盘——让吕布攻打刘备。

而吕布在巨野被曹操打败后，急需找一个靠山，当然这个靠山必须顶得住曹操的压力。

吕布想找刘备，但是袁术拉拢得紧。袁术给吕布写了一封信，希望吕布能够站到自己一方："我袁术兴兵讨伐董卓乱贼，因力量有限，没能打败董卓。少将军诛杀董卓，提头宣告各路人马，英雄气概实在可嘉。你诛杀董卓实则帮我报了一箭之仇，绝对是头功一件。金元休在封丘被曹操打败，结果少将军大仁大义，立即发兵攻打曹操，更是让我袁术钦佩！自我领兵打仗以来，从未听说天下还有刘备这个人。他倒自不量力，领兵来攻打我，这等恶人将军定不容他。如果以将军的神威攻打刘备，你的功绩我袁术定不能忘，我定会与将军同生共死。"袁术说了这么半天，就是想让吕布去攻打刘备，让吕布为他卖命。

当然，光靠说好话是行不通的，因此袁术在信里还表达了"少将军你连年征战，军粮不济，对你的作战造成莫大影响，现在我袁术愿奉上20万斛大米。不仅如此，我还会安排好运输队伍，将军粮送到你的军营"这样的诚意。一句话，你有任何需要只管开口就是了。袁术想用粮食作为筹码让吕布站到自己这一方。也难怪，东汉末年，黄巾军起义后各地诸侯割据势力相互攻伐，农业生产受到很大影响，而且当时是城头变换大王旗，所以自己手里有兵就是割据的资本，而手里有粮就是资本金。吕布手里确实没有粮食，有粮就能保命，有命就有发展壮大的希望，所以他答应了袁术的建议。

君子一言，说干就干。吕布答应袁术的建议后立即发兵攻打刘备的城池下邳，俘虏了刘备的妻儿。刘备二话不说向西海逃跑，那跑得是快啊，身边除了一点兵马外，什么也没顾上带。结果军队没有粮草，士兵只能靠野菜果腹，军队处于崩溃的边缘。走投无路之时，识时务的刘备决定请降。

袁术食言，吕布辕门射戟

刘备之所以能够作为三分天下之一的刘皇叔，肯定运气够用。当他到吕布营帐前时，吕布像迎接贵宾一样将刘备迎就大帐，而且是好酒好菜招待，这让刘备大感意外。本来嘛，刘备是怀着必死之心来降的，结果却是180°大转弯。什么原因？还是因为粮食呗。当时，吕布英勇无人能敌，但他打下下邳后，袁术答应吕布的粮食却不见了踪影。气愤之余，吕布决定：是你袁术不仁在先，那就休怪我不义，今后你的敌人就是我的朋友。于是出现了厚迎刘备的一幕。

要说袁术也不是第一次干这样的事了，当时孙坚斩杀华雄后，袁术怕孙坚做大，原本答应给孙坚粮食的事情也算了。孙坚不玩政治，直接找到袁术将其臭骂了一顿。袁术自知理亏，还是给了军粮。而袁术这次故技重施造成的结果是吕布和刘备结盟。袁术怕吕布反攻，连忙派人前往提亲安抚吕布。

建安元年（公元196年），袁术深知吕布不会再攻打刘备，就派大将纪灵带步骑3万征讨刘备。刘备向吕布求援，吕布手下将领说："按照现在的形势，您可借袁术的手除掉刘备。"吕布摆摆手，对部将说："刘备不仅不能被袁术灭掉，而且我还不能坐视不管。"见部将们疑惑，吕布继续说："如果袁术占据了小沛，就会联合北面泰山一带的部队，到时我们就会被袁术所包围，我们就成了袁术的囊中之物。刘备的军粮是我们给的，不能让袁术得了便宜，我不能不去救刘备啊。"于是，他带了1000多人的骑兵火速赶到刘备驻扎的小沛。

纪灵等人听说吕布前来援救刘备，不敢轻举妄动。

吕布在小沛城外，派卫士去请纪灵等将领一起饮酒。吕布对纪灵等人说："刘备是我吕布的兄弟。如今他被诸位所围，我特意赶来救他。我吕布生性不爱看别人互相争斗，只喜欢替别人解除纷争。"吕布命门候在辕门竖起一支戟："我如果射中戟支，你等就不得对刘备有所图！"说完他引弓向戟射出一箭，正好中了小支。诸将大为震惊，说："将军您真是有天神般的威力呀！"于是第二天就各自收兵。

官渡之战：曹操火烧粮草定中原

□ 姚 磊

有道是："兵马未动，粮草先行。"粮食供应不仅关系到军队战斗的胜利，更能够影响到历史的发展。让我们重新回望东汉末年那场决定历史命运的战役——官渡之战，这场战争的核心就是粮食。

* * *

/ 曹操掀起官渡之战 /

建安元年（公元196年），曹操迎献帝迁都许县，挟天子以令诸侯。

袁绍依仗兵强马壮，进攻曹操。

曹操正需要一场大战的胜利来鼓舞士气，从而在险象环生的乱世站稳脚跟，可以想象他心头该是多么兴奋啊。曹操说了这样一句话："城池我丢得起，人心我丢不起。"当时袁术已逃走，让帝号于袁绍。曹操让刘备到徐州截击袁术，结果刘备杀徐州刺史车胄，留关羽在下邳防守。突如其来的变化让曹操措手不及，且东海郡多县叛曹归刘。无奈之下，曹操于建安四年（公元199年）亲率大军抵达官渡攻打刘备。

看曹操的军队都去打刘备了，袁绍马上从北部进攻曹操，曹操又亲自带兵迎战。袁绍让刘备、文丑挑战曹操，结果曹操斩杀了文丑。再战，曹操又擒袁绍两个将领。袁绍大惊。第二年1月，刘备被打败，曹操驻守官渡。曹操集中3万多人在官渡正面，依托鸿沟水系运输军粮。他要求所有的粮食必须集中在一起运输,以增强防护兵力,防止袁绍偷袭。历史上有名的官渡之战由此拉开大幕。

/ 荀彧:良机不可失 /

相对于袁绍,曹操分兵把守的地方太多,周边兵力不及袁绍;而正面军队人数及装备上,曹操都比袁绍少,唯一多的就是粮食。

袁绍吃了一记败仗,特别是文丑被杀,对他刺激很大。袁绍招来谋士商议抗曹方略,沮授先说话了:"主公,曹军强劲,我们难以捞到便宜,但是曹操的粮食储备量有限,长期战斗势必受到影响。因此对于曹操来讲,急兵猛攻是上上策,而对于我们来说,拖延战术是最有利的战术。"袁绍根本没听沮授的意见,他认为自己初战失利是因为派出的将领不行,贪图辎重才中了曹操的圈套,如果正面对战,自己必胜无疑。事实也证明了袁绍的判断,曹操和袁绍打了一仗,失利后坚壁不出。袁绍用土堆起小山,从上向曹营射箭,以至于曹操的士兵在自己的营地里都得带着盾牌。曹操那是相当郁闷。

屋漏偏逢连阴雨。本来以粮多为底气的曹操因长时间的对峙,粮草供应明显告急,士气备受影响。于是曹操打算退到许都,许都留守荀彧立即回信劝阻:"主公,袁绍将主力集结于官渡,分明是想要与主公决一胜负。现在您扼守咽喉要道,所以袁绍才半年没进一步,您如果现在退却了,一定会被袁绍利用的。现在犹如当年楚汉在荥阳、成皋之间的争夺战,刘邦、项羽谁也不肯先退一步。现在公以一当十,情势已然明朗,相信不久战事就会发生重大转变,这个出奇制胜的良机主公千万不可坐失!"荀彧一番话让曹操信心大振,他立即与军师荀攸、参军贾诩等人商议。贾诩说:"主公您才智、勇气、用人、决断都胜于袁绍,只要您当机立断,就一定能战胜袁绍。"得到谋士们的鼓舞,曹操当机立断,决定反击袁绍!到底是沙场老手,曹操的招数就是高:夜间引水灌袁绍的大营,致使袁绍向后退兵30里,然后夜袭莨荡渠。非常幸运,曹军俘获了袁绍军中的"仓储吏",审问此人得知袁绍有运粮车队将在傍晚时分到达,运粮官韩猛是一个刚愎自用之人。"天助我也!"曹操立派徐晃、史涣截击袁绍的车队。两员猛将带领精锐骑兵百人快马加鞭,在故市(今河南延津县附近)截击运粮车队,将韩猛斩杀,然后一把大火烧掉粮食。袁绍粮食供应出现短缺,曹操的粮食一样不多,两军拼的就是意志了。

/ 历史再次被粮食改写 /

建安五年(公元200年)10月,袁绍派千余车辆运输粮草。吃了上次的大亏,这次袁绍特别小心,特让淳于琼带领步兵、骑兵近1万人接应粮草。沮授对袁绍说:"将军派兵押运粮草能防止曹操截击,但并非万全之策,建议再派蒋奇率领步兵在外围守卫,防止曹操抄了后路。"袁绍不同意。

谋士许攸建议:"淳于琼以万人接粮食是比较有把握的,曹操人数比我们少,而且他的军队全部在我们正面,可以确定他们在许都的驻军一定很少。咱们可以立即攻打许都,打下许都后,迎天子,宣告天下曹操为逆贼。如果我们没有捞到什么便宜,也必让曹操分兵救援,这样我们同样可击败曹操。"袁绍还是不听。

袁绍不听许攸的建议不要紧,可得罪许攸家人事儿就大了。这不,许攸的家人犯法,被袁绍的人羁押了,袁绍也没管这个事。许攸一怒之下投奔了曹操。

曹操知道许攸来了,喜出望外,满脸笑容地迎上前:"有许攸先生来,我曹操一定能成大事。"许攸单刀直入:"曹公,现在袁绍的军队士气正盛,你们有几日的粮草供应?"曹操说:"我们尚有一年的粮草可以支撑。"许攸说:"不对,说实话!"曹操咧了一下嘴,说:"大概半年的粮食吧。"许攸看了看曹操的营地,又看了看曹操的士兵,说:"曹公,您是不是想打败袁绍啊?如果您真的想打败袁绍,为什么不跟我说实话?我已经在你的营地,你又有什么不好说的呢?"曹操搓搓手,他知道很难瞒过许攸的眼睛了,这才不好意思地从牙缝中挤出:"我这里仅可支撑1个月,先生您看怎么办啊?"许攸说:"您现在是孤军独守官渡,且没有外援,粮食也用得差不多了,情况非常危急。而袁绍的几千辆运粮车在乌巢驻扎,由淳于琼接应,但是没有军队守卫,如果您以轻骑兵偷袭,烧其辎重粮食,不出3日,袁绍一定不战自溃。"曹操大喜,立即选派精锐步兵、骑兵5000人,打着袁绍的旗号，一路杀向乌巢。到了乌巢营地后，立即放火焚烧袁绍军粮。曹操军队士气大振，无不以一敌十，杀得淳于琼军片甲不留。袁绍远远看到乌巢起火，火速派兵救援，并且派张郃领兵攻打曹营。结果曹操夜战得利，在天亮前已回到营地。张郃看曹操回营，袁绍无粮，干脆就地投降。袁绍军中知其粮草悉数被烧，张郃阵前倒戈，顿时大乱。曹操立即发兵，袁绍兵败官渡。

历史就这样被粮食改写，官渡之战成为曹操统一中原的决定之战。从此，袁绍退出北部的争夺，而曹操彻底稳固了北方的统治，然后就是向南攻打孙权去了。

缺粮,诸葛亮难行伐魏之谋

□ 姚 磊

诸葛亮利用屯田作为基础,与司马懿相持3个多月。其间,蜀军没有太多的士兵与司马懿对阵,因为大部分人让诸葛亮派去种地了。然而正是这时进时退的战法彻底牵制了魏国北方的主力部队。诸葛亮不幸逝世,蜀军撤退,司马懿方知是诸葛亮的疑兵阵。

* * *

建安十六年(公元211年),刘备入驻成都,蜀汉正式建立。那时,关羽、张飞、赵云演绎了叱咤风云的传奇。刘备在蜀地安定下来后,任命诸葛亮为军师,统领蜀地兵政。如果刘备离开成都,诸葛亮就镇守成都。诸葛亮是个奇才,在物产富饶的成都平原,大力发展农业生产,使人口逐渐增加,蜀汉兵源不愁。

/ 号令蜀,兴农积粮 /

章武三年(公元223年),刘备病重永安,召见诸葛亮说:"军师,你的才能比起曹丕强10倍要多,你是安国之人,更有强国之才,必能成就一番大事业。你看刘禅能不能成为一代明主?如果你能辅佐他就辅佐,如果他真的烂泥扶不上墙,你就取代他成为蜀国之君。"刘备话音未落,诸葛亮便跪地答曰:"君上,我万万没有取代君上之心,助太子强蜀国灭曹贼,匡复大汉江山，我将鞠躬尽瘁，死而后已。"诸葛亮一番肺腑之言让刘备很是欣慰，因为在诸多军师、将领中，只有诸葛亮谋略过人，艺高胆大，这样的人辅佐刘禅让他最为放心。

建兴元年（公元223年），诸葛亮被封为武乡侯，蜀地之事不论大小都由诸葛亮定夺，诸葛亮那个累啊！建兴三年（公元225年），诸葛亮率领蜀国军队向南开疆扩土，当年秋天就平了南蛮，获得土地、人口，使蜀国粮食更加充实。

对于蜀国来讲，三国鼎立的局面既是优势又是劣势。从地理条件上讲，蜀国有秦岭、剑门两地扼守，绝对是天府之国，非常有利于休养生息，积累力量。有道是：手里有粮，心中不慌。当手中的粮食足以安定心神之时，诸葛亮抓紧练兵，对抗魏国进入倒计时。

/ 缺粮食，两次退兵 /

建兴五年（公元227年），诸葛亮觉得蜀国的实力足以对抗魏国了，于是率领大军驻扎在汉中，准备北伐。

万事俱备，还得找个开战的借口。那好，就写一篇檄文吧，这可是诸葛孔明的强项。于是，著名的《出师表》诞生了！继承先主刘备遗志，讨伐曹魏之战在沔阳拉开序幕。

第二年战争开始，诸葛亮声称要从斜谷道取郿县，让赵云、邓芝为先锋。魏国曹真率领大军抵挡。诸葛亮亲自带领军队攻打祁山，而南安、天水、安定三郡的军队反叛魏国响应诸葛亮。可以说诸葛亮此战是志在必得，一时间蜀军军威浩荡，北伐成功指日可待。

但是，历史给诸葛亮连续开了几个玩笑。第一个玩笑就是诸葛亮让马谡守街亭。结果大家都知道，其被张郃打得落花流水，诸葛亮挥泪斩马谡。

第二个玩笑也是诸葛亮没料到的。转眼到了第二年冬天，诸葛亮出散关，围陈仓，魏国派曹真阻击。两军相持个把月后，诸葛亮痛心地发现了一个大问题——自己的粮食不够了，"我军粮只可支撑5日，在此前后百余里皆无我军屯粮之地，而魏军却粮草充盈"。诸葛亮寻思良久："还是退兵吧。曹真虽然不禁打，但毕竟人多势众。就是打败了曹真，后续军粮运输也是个问题，山高路远，我军运粮效率低。"就这样，蜀军撤兵。

经过4年的积累，诸葛亮手里的粮食又足够多，而且诸葛亮大胆创新，发明了木牛运输粮食。于是，他再次从祁山出兵，这回遇到的阻击对手是张郃。山高路险，虽然把前来攻打的郭淮等人打得落花流水，而且斩获军粮，但是后面张郃、司马懿已率领主力大军浩浩荡荡而来，诸葛亮只能依托山地险要据守。这次，诸葛亮又遇到了同样的问题——粮食又供应不上了。诸葛亮只能如上次一样——退兵。

/ 设军屯，牵制魏军 /

有了两次教训，诸葛亮开始思考："为啥我粮食总是不够？是我的木牛效率不够高还是粮食储藏不够？他魏国没有大将，王双被我们灭了，就剩张郃了，他背后的主帅司马懿是个善于谋虑的人，因此只能用谋略战胜他。从目前的情况来看，不是我蜀军弱，而是我们军粮少，光靠从老百姓那里征集来的军粮不能支撑战争啊，没有粮食根本无法打通北伐通道。"诸葛亮自言自语道。

找到了问题的症结所在，接下来就是想解决的方法。这同样难不倒聪明的诸葛亮，他想到了士兵屯田。说干就干，在出祁山的路上，诸葛亮便开始设置军屯，老百姓自然欢迎军队屯田，因为可给当地兴修水利，又有人力生产啊。

建兴十二年（公元234年）春，诸葛亮率军出斜谷攻打魏国，司马懿作为主将抵挡。

诸葛亮利用屯田作为基础，与司马懿相持3个多月。其间，蜀军没有太多的士兵与司马懿对阵，因为大部分人让诸葛亮派去种地了。然而就是这样，彻底牵制了魏国北方的主力部队，而且进退之间已经把司马懿给弄糊涂了，让司马懿不敢轻易攻打蜀国，这就足够了。

英雄的离开总是让人黯然伤神。在相持战中诸葛亮走了，蜀军只能撤退。当司马懿到蜀军驻地时，发现诸葛亮设的疑兵阵让自己白白浪费了3个月的时间，敬佩不已。

王基：先积粮后言兵

□ 姚 磊

楚汉时期，俘虏敌国将士后首先就是全部杀光。王基没有这么做，而是将这些降兵、降将安置在夷陵县，组织他们开垦土地，从事农业生产。这个两全其美的法子让王基再度升职，被赐爵关内侯。

***

在曹魏阵营中，不光是曹操利用粮食以少胜多，重视粮食、运筹帷幄的将军也不乏其人，王基就是其中的代表之一。

/"没粮就是没本钱"/

话说曹叡称帝时，东吴在其都城建业，也就是今天的南京，集结兵马，准备向北对魏发动进攻。当时魏蜀吴三国鼎立的局面随着时间的推移发生着微变：蜀国在今天的四川盆地，南获国土，但是北无法出散关，向东又难以直接与孙吴抗衡；吴国无法逾越长江，只能在长江以南地区经营；魏有中原之利，慢慢向南部蚕食，在扬州与孙吴接触，双方大争小战不断。孙吴扬言要发兵攻打扬州。眼看大兵压境，扬州刺史诸葛诞立即找到王基，他知道王基能够帮助他。

王基何许人也？他是曹魏阵营中的一员虎将，当时应该任讨寇将军，协助曹爽统领军政。曹魏那么多精英，为何诸葛诞单单相中王基？原来他听说王基任太守时，治理州郡得当，兴农事，整军备，防备森严，使得孙吴不敢进犯。

诸葛诞对王基说："将军，现在孙吴集结兵力已超过10万人，欲攻扬州。扬州城屯兵不足，而且附近的军队也都抽调得差不多了。如果开仗，我们就惨了。"正批阅公文的王基抬头看了看诸葛诞，放下笔，不紧不慢地说："我们和孙权打交道不是一两天了。你想想，孙权那次攻打合肥，一直打到了江夏，后来被赶出庐江，再后来孙吴的朱然又带兵攻打襄阳，这些看似雷霆万钧的攻势都是无功而返。连年征战让孙吴的谋士、猛将损失惨重，连陆逊这样的人才都死了。孙权虽然谋虑天下，但毕竟已经年老，孙吴的后勤供应根本没有多少积累，可以说是只出不进。"

诸葛诞说："对啊，孙权的老本儿基本拼光了。"王基点点头："没错，孙权是内无贤助，中无谋主。没人、没粮，就是没本钱，加上他手下的将军新人较多，若发兵他又得担心着这些人会反叛，那日子可不好过。现在他叫嚣要攻打扬州，不过是笼络自己的人心，不会真打。"事情果如王基所料，孙权没有发兵。

/"将江夏建成魏国粮食基地"/

大约是魏嘉平年间（公元249年～253年），王基出任荆州刺史，魏王还加封其为扬烈将军，让他跟随征南将军王昶讨伐孙吴。

按照整体军事部署，王基从旁路攻打在夷陵驻守的吴将步协。结果步协自知实力有限，闭门自守。王基要求部队佯装进攻，实际上他另派部队直取雄父粮仓。步协只将精力放在进攻的王基身上，粮仓自然就疏于防范。结果王基不费吹灰之力，拿下粮仓，获大米30多万斛，还俘虏了吴国的安北将军谭正。楚汉时期，俘虏敌国士兵后首先就是全部杀光。王基没有这么做，而是将这些降兵、降将安置在夷陵县，组织他们开垦土地，从事农业生产。这个两全其美的法子让王基再度升职，被赐爵关内侯。

加官晋爵后的王基想得更多的是怎样发展壮大。他向王昶建议：经营江夏城，将江夏建成魏国的重要基地，这样就可以进逼夏口，吴国就不敢轻易越江。得到认同后，王基在当地建章立制，整顿军队，发展生产。特别是粮食生产，王基让人迅速恢复因战争导致的农业停滞，不出4个月，就卓有成效。

/"先积粮再言兵"/

这天，朝廷议欲伐吴，召王基一起谋划。王基太了解孙吴的实力了，没有必胜的把握，他绝不同意冒险："诸位将军，你们建功心切，我非常理解，我也想立即发兵攻打孙吴，开疆扩土。但目前的情势，如果不做好水运、粮食储备、水战的准备，只是在江北集结兵力，就没有渡江作战的可能。目前，我们的粮食储备量只能满足1个月的消耗，如果发兵，胜算极小呀！"见诸将军安静下来，王基接着说："现在江陵县附近有沮、漳两条河流，灌溉的是非常肥沃的土地，所以我们的粮食生产不成问题。而且安陆附近也是良田万亩，如果我们抓紧时间开垦，获得好收成后再讨伐孙吴，就没有后顾之忧了。"伐吴就此作罢。

/ 夺南顿粮仓"瓮中捉鳖"/

公元255年，王基为监军与司马师在许昌会合并统领许昌驻军约万人讨伐毌丘俭、文钦。司马师早已听说王基谋略过人，因此就问王基："您有什么建议，我们怎样对付毌丘俭？"王基说："此次毌丘俭之流作乱不是因为淮南民众打算叛变我大魏国，而是因害怕毌丘俭。如果我们派兵征讨，他们一定土崩瓦解。"一席话乐坏了司马师，他说："如果如您所说，我请您喝酒。"于是，王基带兵进攻。

王基走后，司马师身边的其他谋士天天在他耳边叨叨：毌丘俭和文钦的军队彪悍，难以抗衡。司马师听得多了开始犹豫起来，遂下令王基停止进军。王基接报十分气恼：这不是耽误事吗？这帮没脑子的谋士成事不足败事有余！他马上修书回复："如果已经进入敌人地盘而不进攻，就说明我们用诈，而且已经暴露，这样军心就不稳了。现在不乘军威猛进而停滞不前，绝对大错特错。如果孙吴利用此机会散布我们怯懦不前、不敢进攻的谣言，谯、沛、汝、豫等我们本来就管理不牢的地方就更危险了。而且这样踌躇不前,我们的军粮也耗不起啊!"接着,王基谈了自己的具体想法:我军宜速进南顿,南顿有大粮库,按照探子报来的情况,大概能使我军获40日的粮食。手里有粮,才能先夺人心,人心所向,才能无往不利。

司马师还在徘徊着,王基连催,他才同意往前走几十里路。王基心里那个急啊,他干脆跑回面见司马师:"将军,现在我们的前锋太慢了,哪里有这样进攻的!我知道谋士们都说要审慎用兵,我知道您重责在身,但是这样停滞不前,真是给孙吴可以利用的机会了!"看司马师还是犹豫不决,王基说:"将在外,君命有所不受,现在谁能够得到南顿的粮食谁就胜利。有粮食就有进攻的本钱,否则咱们现在就打道回府。"听了王基的分析,司马师终于同意立即发兵。结果当然是王基先到南顿,毌丘俭只能自己守城,被王基来了一个瓮中捉鳖。

中国粮油书系第二卷之
粮战演义（上）—— 第三章

魏晋南北朝

Disanzhang
Weijinnanbeichao

征西灭蜀，魏国粮定天下

□ 姚 磊

景元四年（公元263年），魏军征西讨蜀的军事行动最后一战打响，姜维在剑阁阻挡。剑阁素有"一夫当关，万夫莫开"之称，姜维凭险据守，魏军无计可施。在蜀地战斗中，最难办的就是粮食。作为攻者，魏军获得粮食补给就更难，军粮不继，魏军也想退兵……

* * *

魏国有了邓艾真是天大的福气，因为他不仅屯田有功，带兵打仗也很有才。在他还是粮库主任的时候，每到一个地方，必将当地的地理熟记于心，并且分析如果在此布置军队、如何攻防，高兴起来顾不得口吃，也要和同事说道一番。你还别说，邓艾的这点喜好跟粮食谋略一结合，可真让蜀国大将军姜维吃了大苦头——背上了打亡国败仗的罪名。

/ 围城断粮初战姜维 /

公元249年，时任南安太守的邓艾参加了征讨蜀国的军事行动。眼看着魏国的军队已经到达陇西，蜀国大将军姜维决定进攻雍州，依傍麹山筑城（这个地方是入蜀的必经之路），我们就称之为麹城，让句安、李歆驻守，并联合羌胡人进攻附近各郡。

邓艾、征西将军郭淮与雍州刺史陈泰一起统兵抵御姜维的进攻。在大战前的参谋会议上,邓艾对大家说:"这次姜维带领蜀军突击魏国,是希望撼动我魏国对西部的控制,从而为蜀国出秦岭奠定基础。但是姜维此次筑城的地方不是蜀地产粮区,当地的羌人也以游牧为主,所以他的粮食供应是个问题。"陈泰是子承父业的将军,算是久经沙场,听到邓艾的话连连点头称是:"邓将军果然切中要害,麹城虽然坚固,但是离蜀地很远,也不具备屯田的条件,因此他们必须从蜀国运输粮食。这样远的运粮路程,必然要强征民夫帮忙,强征来的民夫绝不会乖乖听姜维指挥;而且军队加上民夫,粮食肯定消耗极快。因此,我们只要将两个城池围得滴水不漏,就可以兵不血刃地拿下城池。即使姜维想救,山道险阻,军队也走不快,到时我们已经解决战斗了,他们可能还没来。"征西将军郭淮也同意两位将军的意见。于是,魏军采取围城打援策略,让陈泰攻打麹山侧翼作为护翼的蜀军徐质,邓艾直接围攻麹城。折腾粮食,邓艾可是轻车熟路,只见他切断麹城交通,断绝其水源,把麹城围了个水泄不通。蜀军困窘不堪,城里的士兵"分粮聚雪"度日,就是生吃粮食,化雪为水。蜀军都惨到这份儿上了,姜维只能领兵救援。当他到牛头山时,遇到了陈泰的阻击:司马昭出骆谷向汉中移动,而郭淮率军攻打洮水,打算切断姜维退路给姜维来个包饺子。结果是句安、李歆等人孤立无援,最后只能献城投降。

/ 重视军粮阻蜀偷袭 /

在后来与姜维的几次战斗中,邓艾、陈泰等人力克姜维。邓艾升任安西将军。

这个时候,魏军多数将领经过麹城、狄道的战斗,认为姜维没什么能耐,蜀军实力也大大削弱,不可能再攻打魏国了。但是邓艾有他的思考,他对大家说:"各路牙将立即回营地,点起兵马,操练士兵,准备战斗。""我们已经胜利了,他姜维就是一个软柿子呀!"将领们不解。

邓艾说:"我们刚刚经历了大战,现在看是胜利了,实际上我们是失败的。两军交兵,战死沙场,虽然是军人之责,但不是长久之计。大战以来,百姓流离失所,农事皆废,仓廪空虚,田地无人耕种。在这样的环境下,我们怎么还有力量再打姜维?"看大家不说话了,邓艾接着说:"蜀军将领们不是傻瓜,好像我们得了便宜,我看现在对方有乘胜之势,我们才是虚弱之实,这是其一。蜀军新败,立即开始准备,而我们刚刚更换主将,这也不如对方。我们打蜀军是走路,而他们是乘船,劳逸不同。狄道、陇西、南安、祁山,都有当地的守军,他们熟悉地理,经营也有时日。我们要对付4个城池的军队,这个分兵进攻的事情要削弱我们的实力。南安、陇西,有羌人种植粮食,姜维熟悉这边的风土。现在已到收获时节,姜维必定会派兵征军粮,因此我们马上就会和姜维的军队展开战斗了。各位将军,大战在即,不能懈怠啊。"果然如邓艾所料,姜维来了,他发现邓艾已有所备,也就打消了进军陇西的念头。

/ 背水一战决胜千里 /

景元四年(公元263年),邓艾命令天水太守王颀攻姜维大营,陇西太守牵弘等人攻击姜维的前军,金城太守杨欣进击甘松。这是对蜀军的最后一战。

姜维知道,这是生死之战,因此在剑阁阻挡魏国军队。剑阁素有"一夫当关,万夫莫开"之称,姜维凭险据守,魏军无计可施。在蜀地战斗中,最难办的就是粮食。作为攻者,魏军获得粮食补给就更难,军粮不继,魏军也想退兵。邓艾又站出来了,他说:"必须一鼓作气拿下蜀国。因为所有的军队物资集中在剑门,如果用奇兵攻打成都,剑阁守军必挥兵救主,这时我们就有机会打败蜀军,通过剑门。姜维在蜀地,有粮食供应。我们的运粮成本太高,必须用兵急攻,我们真的拖不起。速战速决,才是赢的关键。"

于是,邓艾率军凿山开路,穿过700余里无人险域,途中军粮不继,多次陷入困境。邓艾身先士卒,用毛毡裹身滚下山坡,带领士兵直达江油,江油守将马邈投降。蜀军虽在绵竹设防,但是邓艾孤军深入,所向披靡。绵竹陷落后,蜀军全线崩溃。邓艾乘胜进击,一鼓作气率军入成都,蜀汉灭亡。邓艾约束部众,进城后,没有发生抢掠事件。他安抚投降的人员,使他们复任旧业,受到蜀人的拥护。

被逼造反，苏峻夺粮放火攻建康

□ 姚 磊

庾亮的计划落空了。苏峻根本没去石头城，而是直接派遣韩晃、张健渡江，奇袭姑孰（今安徽当涂），先夺取朝廷屯储在那里的粮米。

* * *

/ 外戚专权功臣遭殃 /

晋太宁三年（公元325年）秋，晋明帝司马绍病危，弥留之际传令让西阳王司马羕、司徒王导、尚书令卞壸（音 kǔn）、车骑将军郗鉴、护军将军庾亮、领军将军陆晔、丹阳尹温峤等7人，共同奉受遗诏辅佐太子。这些顾命大臣中有一位身份比较特殊，就是庾亮——皇帝的大舅子。庾良辅政的结果是什么呢？没错，外戚专权。

庾亮专权，既不给功臣行功，也不为重臣封赏，更不给皇帝呈表，良臣只能称病不朝。苏峻作为功臣，平定钱凤叛乱，威望日渐显著，有持功自傲的嫌疑，令庾亮很是嫉妒。为巩固政权，庾亮诛杀南顿王司马宗。其部下卞阐投奔苏峻。庾亮让苏峻将卞阐送还京师，苏峻将其藏匿。庾亮便以苏峻必将叛乱为由，命各路军队征讨之。

被逼造反先发制人

苏峻知道庾亮是一个阴险小人,但是他还要试一试庾亮是否真的要灭掉他。于是,他给庾亮写信道:"先帝让我保卫国土,守卫边疆,现在中原地区仍然需要人手管理,我愿意去边远的青州任职,在那里开垦荒地,守卫国土。"庾亮当然不让。于是,苏峻的谋士任让对苏峻说:"将军,您要去边远地方任职都被庾亮否定了,看来他是真的要对您不利了。事已至此,我们只能自保为先了。现已入秋,天气渐寒,我们的军粮已经全部入仓,足够支撑到明年。"任让一席话让苏峻有了底气,决定不再坐以待毙。

抵抗庾亮,得有一个冠冕堂皇的理由。于是,苏峻给庾亮修书:"庾亮,你说我要谋反,我还有活路吗?我是晋国的臣子,为国尽忠是我的本分。现在国家形势危如累卵,我已尽全力保护国家免于危难。'狡兔死,走狗烹。'我愿意为国家尽忠到底。"这其实就是对庾亮的战书。

夺粮烧城庾亮败逃

公元327年11月,苏峻的军队开始进攻。晋"中央军"主帅卞壸同会稽内史王舒、吴兴太守虞潭商讨对策。虽然有谋士提出"苏峻人数少于中央军,如果在苏峻还未到京师之前在阜陵麻湖守卫当利渡口,可以和苏峻决战。如果苏峻没有向京师进军,可以去他守卫的县城附近逼迫其就范;如果苏峻先到渡口,到时人心惊惧,就无法做有效的抵抗了。"庾亮不同意。

庾亮的思路是:在石头城设重兵把守,让苏峻啃硬骨头,晋军乘机反击。他强调消灭叛军是核心,其他都不是问题,特别是粮食更不成问题(当时晋军的储备粮比较充足)。

庾亮的计划落空了。苏峻根本没去石头城,而是直接派遣韩晃、张健渡江,奇袭姑孰(今安徽当涂),先夺取朝廷屯储在那里的食盐、粮米。这个战略部署是苏峻的谋士提出的:"我们渡江之后,面对的是晋正规军,我们两万人去对付几倍于己的晋军,打乱其后勤供给是最好的方法。目前,姑孰附近庾亮集结的军队最少,而他的粮食恰恰从这里供应。如果拿下姑孰，不仅能够奠定以少胜多的基础，而且奇袭部队的粮食供应也能顺利解决。"于是，苏峻的部队就出现在了晋军的后方。

公元328年2月，苏峻军队攻至蒋陵（今南京钟山附近）。卞壶阻击，结果大败，退守青溪栅。青溪栅是晋军行营，粮草、武器都有储备。农历二月初七，苏峻进攻青溪栅。天公作美，刮起了东风，青溪栅在下风口。苏峻学曹操放上一把火，火借风势，风助火势，把卞壶的军营烧得片瓦不留。卞壶及两个儿子不幸战死。庾亮跑得比别人都快，撇下亲兵投奔寻阳尹温峤去了。

平叛苏峻，温峤、陶侃也做粮食文章

□ 姚 磊

在温峤的再三请求下，69岁的老将陶侃以国家为重，立刻发兵，日夜兼行，赶往寻阳。这支在东晋军粮供应中心荆州、寻阳组建的讨逆联军，是晋的正规军，兵强马壮，纪律严明，廉臣为将，师出有名。庾亮委托温峤的讨伐之战可说是占尽天时、地利、人和。

* * *

上回讲到外戚庾亮辅政专权，逼得功臣苏峻夺粮造反，使建康被烧，东晋大乱。苏峻逼死庾太后，劫掠屠城，那是杀红了眼。一时间，建康城哀鸿遍野，惨象迭出。

对此，逃到寻阳投奔温峤的庾亮怎能不知？痛定思痛，他决定重整晋军，平复苏峻叛乱，为姐姐庾太后报仇。正所谓：从哪里跌倒就从哪里爬起来。庾亮的平叛大计就从粮食入手。怎么做的？且看，主角温峤、陶侃出场。

/ 请陶侃出山　组建讨逆联军 /

温峤何许人也？乃东晋司隶校尉的属官，主察百官之犯法者，为人刚直不阿，备受司马睿器重，东晋的达官显贵都愿与他结交。话说庾亮攻打苏峻时，温峤负责督军江州，以防西部发生叛乱。庾亮战败见到温峤，泣不成声。温峤只得安慰庾亮："胜败乃兵家常事，但乱臣贼子扰乱都城，社稷动荡，我定当剿灭叛乱，匡复正朔。"庾亮手握庾太后的诏书，当即晋升温峤为骠骑将军。

既然揽下了平叛的差事，就得想法子取胜。温峤知道自己兵力薄弱，要对付强大的叛军，如同鸡蛋碰石头。于是，温峤想到了荆州刺史陶侃（据说是陶渊明的祖父），便派人去邀请德高望重的陶侃，共同组建勤王讨逆联军。但问题是，对庾亮颇有意见的陶侃会接受邀请吗？在温峤的再三请求下，69岁的老将陶侃以国家为重，立刻发兵，日夜兼行，赶往寻阳。这支在东晋军粮供应中心荆州、寻阳组建的讨逆联军，是晋的正规军，兵强马壮，纪律严明。

廉臣为将，师出有名，庾亮委托温峤的讨伐之战可说是占尽天时、地利、人和。

/ 毛宝截粮乱苏峻反攻计划 /

仇恨苏峻叛乱的不只庾亮、温峤、陶侃，另一个顾命大臣郗鉴一得到消息，便调集兵马准备讨伐苏峻。作为江南地区的车骑将军，他早就派侦察兵全面了解了苏峻的情况。

一听说温峤也准备攻打苏峻，高兴之余，郗鉴马上修书告诉温峤："温将军，我已听说您将起兵讨伐逆贼，匡复我晋国，我将策应攻打苏峻、祖约，作为勤王之师，涤荡叛贼。根据我放出的探子回报，苏峻等乱臣贼子欲挟持天子到会稽。依我之见，苏峻叛乱并非酝酿良久，而且他第一战就攻打我粮仓，所以其粮食必然较少。他虽然攻陷都城，但都城附近并非屯兵积粮之所，粮食多靠周边供给。他必然会出兵移师，寻找粮食。我建议，勤王之师应当先建立营垒，步步为营，占据战略要地，防止苏峻逃逸，同时还能截断叛军粮食供应。苏峻找不到粮食，向东也没有出路，粮食供应又被我军截断，他的部队很快就会溃散的。"

咸和三年（公元328年），陶侃、温峤讨逆大军浩浩荡荡杀来。与庾亮不同，温峤是非常谨慎的统领。当军队到了姑孰时，温峤认为苏峻的军队以骑兵为主，陆战优势明显，而自己军队的优势是水战，故命令部队在钱塘江南岸的部队到来之前,绝不与苏峻开战,凡上岸者,立刻斩首。

再说苏峻,他得知温峤、陶侃杀来后,立即分派管商、张健、弘徽率兵阻挡温峤和虞潭。善水战的温峤军队难以抵挡苏峻之骑兵,故战事进展不大。苏峻看到自己部队能够抵挡住温峤,便准备反攻。他先派人给祖约运去1万斛大米,让他站稳脚跟,做好与温峤、陶侃长期对峙的准备。

很不幸,这个信息被温峤的先锋大将毛宝知道了。毛宝立刻率领自己统辖的千余人突袭苏峻运粮部队。得手后,除了自己能够运走的粮食,其余全部一把火烧光,直接导致祖约的军队断了粮。祖约无法坚守寿春,当后赵的军队来攻打的时候,只能投降。

/ 突袭苏峻粮仓　叛军覆灭 /

虽然少了一个盟友,但苏峻毕竟是久经沙场的老将,在石头城的相持中,不仅左突右冲,而且俘虏了不少温峤的士兵。几仗下来,其军队士气日益升高。温峤军队的粮食已经没有了,就想向陶侃借点粮。本来陶侃出兵就有顾虑,听说温峤借粮,觉得获胜希望渺茫,于是破口大骂:"你不是说讨贼乃正义之师,出师有名,而且粮食多、良将广,现在没打几个回合,就已经没粮食了,以后的仗怎么打?现在荆州受到北部和西部的军事压力,如果没有粮食,我该怎么办?"说着就要回自己的驻地。

粮食没借到,还让陶侃数落一顿,温峤那个无奈呀!但是温峤深知粮食问题必须解决,而且只能从陶侃这里搞!正当温峤愁眉不展之时,先锋官毛宝上前对他说:"将军,您别急,我去劝劝。"毛宝这个人聪明,知道陶侃非常重视粮食,害怕没有粮食导致自己功亏一篑。陶侃这个人不听啥大道理,只要行得通就成。于是,毛宝对陶侃说:"陶公,您是我大晋的一员猛将,有您在一定能匡邪扶正,您本来在芜湖镇守,那样我们勤王之师就可以对他苏峻形成南北夹攻之势,但是您现在与我合兵一路,所以南北之势不可复制,您退回驻地也没有意义。兵者势也,一鼓作气才可夺人。当年您讨贼伐逆,哪个强敌能够抵挡住您?何况今天面对的只是区区万人的苏峻!"陶侃看了看毛宝,转身对温峤说:"温峤,你的先锋官果然锐气十足,说得很是在理,可我粮食也不多,怎么能分给你呢?"温峤刚要说话，毛宝举手示意制止他，说："将军，那逆贼也是怕死之辈，绝不是顽抗到底的硬货。如果您不嫌弃，给我千百人马，我立即上岸，截断苏峻粮草。如果我毛宝没有办到，将军您再去，士气不仅能够保持，而且一定能攻下苏峻。"在陶侃旁边的竟陵太守李阳也凑过来说："将军，毛将军说的有道理，如果不克敌制胜，即使您有粮食，到时还有安全的地方储藏吗？"陶侃思量半晌，说："好，看你锐气十足，我就分给您1000人马，给温峤5万石大米。"就这样，毛宝率领陶侃的军队，趁夜色突袭句容、湖熟的苏峻粮仓，火烧粮草。本来苏峻的粮食就不多，这一把火将他从建康弄来的粮食全都烧光了。没了粮食，苏峻军心不稳，结果可想而知：叛军大败，苏峻在溃逃中落马身亡。

这场把东晋王朝折腾得天翻地覆的叛乱，经过一年多的平息，终于落下了帷幕。苏峻叛乱平定后，中书令庾亮自知罪孽深重，连贬自己3级，离开京城，出任豫州刺史。这也算他有自知之明。

魏储军粮,幸有邓艾《济河论》

□ 姚 磊

邓艾从陈县、项县,一直巡视到寿春,得出的结论是:如果要增加粮食产量,一定要开河兴修水利,并准备储藏设施。于是,著名的《济河论》诞生了……几年之后,从京都到寿春,沿途兵屯相望,鸡犬相闻,一派繁荣的景象。粮食不断丰收,大概5年的光景,已经达到了3000万斛。

* * *

随着三国鼎立时代的过去,魏国的实力越来越强。回望历史我们可以说这也是一种马太效应,即哪个国家重视粮食生产、粮食储藏就会逐渐强大,逐渐聚集越来越多有能力的人。三国乱世中,魏国除了有能征善战出奇谋的荀攸,也有重视粮食安全的邓艾。

/ 粮仓小吏有点口吃 /

公元208年,中原被曹操控制。为保证后方稳固,曹操采用了两个策略:屯田和西征。邓艾随家人被强迁到汝南做屯田农民。志向远大的邓艾可不愿这么随波逐流,他决心通过奋斗来改变自己的命运。

在屯田民中,有才学的人很少,邓艾凭才学被推荐为典农都尉。据说,邓艾同志有点口吃,所以只被安排为看守粮仓的小吏。从此,他耳闻目染,深知粮食储藏的重要，并且一点点地了解粮食耕种、收获的各种经验和常识。邓艾不愿意奉迎附会，在屯田管理的工作岗位上一干就是十几年，直到一次他去洛阳见到太尉司马懿。几句话聊下来，司马懿越来越赏识他的才能。这个司马懿极有城府，急需人才的他当即决定征召邓艾在太尉府当差，而后升任邓艾为尚书郎。

/《济河论》屯田兴魏 /

正始年初（大概公元240年），魏国决定与孙吴开战。打仗的第一要务不是良将，而是粮食。因此，魏国打算在东南地区一带屯田，积储军粮。邓艾作为一个典农，专门管理屯田，而且有过仓库管理员（相当于今天的粮库主任）的经历，所以此重任理所应当地落在了他的肩上。邓艾从陈县、项县，一直巡视到寿春，得出的结论是：如果要增加粮食产量，一定要开河兴修水利，并准备储藏设施。于是，著名的《济河论》诞生了。在《济河论》中，他谈到当年曹操打败黄巾军后，立即在许都屯田，并且在许都周边建立粮仓，从而平定北部，打败袁绍；现在北方已无大战，下一步就是攻打孙吴，而没有足够的粮食积累，最好别说出兵的事。

另外，他还提出了屯田的具体措施。经过一路考察，他发现陈县、蔡县之间都是良田。如果在淮北屯田2万顷，淮南再一样地进行屯田，粮草一事就可解决。目前，当务之急是开凿河渠，兴修水利，这样不仅能够灌溉农田，还可提高单位面积产量和疏通漕运。通过在淮北、淮南实行大规模的军屯，解决了开凿河渠的人力，而且军事训练和劳动相结合，绝对是一举两得。他还算了一笔账，如果当地没有大旱导致的歉收，当地的田地每年比西北地区的田地多产3倍的粮食，去掉种粮、训练使用的粮食，一年还能有500万斛的军粮积累，其间只要持续积累，六七年的时间就可以积3000万斛粮食，可让10万大军吃上5年没问题。按照这样的积累，吴国能挺得过5年吗？再说了，打起仗来还得有人种田，这样一来，谁还能抵挡魏国呢？

农业兴军粮无忧

这篇报告被司马懿看到了，并且成为魏国在今后6年的农业政策依据。正始二年（公元241年）起，自钟离县以南，横石县以西，至沘水源头之间的土地上，大约5里设置一个军屯营，每营60人，一边屯田，一边训练。安排拓宽淮阳、百尺两条河渠，从黄河引水注入淮水和颍水。又在淮河附近开辟了300多里的水渠，灌溉两万顷良田。

几年之后，从京都到寿春，沿途兵屯相望，鸡犬相闻，一派繁荣的景象。粮食不断丰收，大概5年的光景，已经达到了3000万斛。魏国在东南的防御力量也大大加强。之后，每当对吴作战的时候，军队可以很快集结，并乘船而下，直达江淮。

魏国有粮食储备，粮食持续积累，邓艾功不可没。

值得一提的是，浓厚的重农情结伴随着邓艾的一生。他每到任一地，就提倡垦荒种田，发展生产，积累粮食。只要他在任的地方，不仅老百姓有好日子过，军粮也从来不愁。

仰仗张宾"粮策" 石勒邺城大捷

□ 姚 磊

张宾深知没有粮食，军队根本没有机会打败邺城的晋军。但是粮食也不是那么容易筹集到的，只能打倒当地军阀，然后抢粮。石勒按照张宾的建议攻打向冰，得到他的全部储粮，然后立即攻打邺城，结果因为手中有粮，所向披靡。

* * *

纵观历史上建国立业的皇帝，在战斗中无不高度重视粮食供应，而且在战术、战略上将粮食谋略运用得非常娴熟。

我们今天就把目光落在一个开国皇帝身上，他也许是中国历史上唯一当过奴隶的皇帝——石勒。

/ 被掳为奴 揭竿而起 /

西晋太安年间，并州（应当是今天山西省东部地区）发生饥荒，社会动荡不安，人也变成一种商品。瞧，20多岁的石勒与当地的胡人被当成奴隶卖到冀州，这样司马腾就能有军饷使用。石勒也算是运气好，到了冀州后，被卖给了茌平人师懽。因为石勒体格健壮，人又聪明，管理马匹、组织奴隶很有一套，师懽认为这个人一定能够成才，便让他恢复了自由人身份，与他一起养马挣钱。恢复自由身的石勒带着身边的一帮骑士，东征西讨，实力逐渐壮大。

永嘉五年（公元311年），石勒攻打荥阳，这也是他平定西北方的一次重要战事。荥阳这地方大家很熟悉了，当年刘邦和项羽的争夺战就发生在这里。这里扼守西去函谷关的通道，打通荥阳，关中平原就是探囊取物。当时，荥阳太守叫李矩，这个人深知荥阳的战略地位，派重兵把守。他还深知守住了荥阳就守住了粮仓，守住了粮仓就有同石勒对攻的资本。结果可想而知，石勒损兵折将，打了一个多月也没啥进展。

/ 转战江南　霉运连连 /

在荥阳没讨到什么便宜，石勒便将进攻的重点转向东南。永嘉六年（公元312年）二月，石勒开始造船，准备攻打建业（今南京）。琅邪王司马睿统兵，在寿春集结军队准备和石勒决战。司马睿何许人也？为何他能够统兵抵抗石勒的大军？他祖父的祖父就是大名鼎鼎的司马懿，而他也是东晋的开国之君。他在寿春的集结可说是一计。原因很简单，水战，对于司马睿来说，轻车熟路。石勒就不行了，作为北方军阀必定不熟悉南方水战，而且南方雨季一来，进攻很难开展，时间越长，后勤供应就免不了出现问题。如果石勒坚决进攻，司马睿必与他决战到底。

石勒运气很差，一出师便遇上南方大雨，且一下就是3个月，军中瘟疫流行——不流行才怪呢。北方的储粮方式在南方不顶用，石勒将军粮直接放在地上用油布覆盖，大雨、积水、潮湿让粮食霉变生虫。人吃了霉变的粮食当然会出问题！按照今天的经验判断，早就真菌毒素超标了。结果士兵非战斗减员达一半以上。

/ 抢粮大捷　所向披靡 /

石勒心里没底了，又听说司马睿的大军已经在江南集结，于是立即召各路将军商量对策。左长史刁膺说："要不先给司马睿一点儿钱，然后我们立即退兵，重点攻打河朔地区。等他退兵了，我们再攻打他。"石勒听后大骂，转身看到谋士张宾，遂问："先生，您怎么看呢？"谋士张宾分析了当时的形势:"邺城有三台山的拱卫,我们北方部队没有什么优势,而且连日阴雨,我们的军粮辎重损失巨大,军粮供应不济,军心不稳。再看晋军,他们保卫寿春,仅是坚守而已。如果我们现在佯装退兵,他们乐得见到我们离开,不可能从背后偷袭。将军,您让我们的辎重部队向北行进,然后让军队向寿春进发,粮食离远。我们愿意攻打司马睿就打;如果我们想撤兵,慢慢离开,也不会进退维谷。""先生说的对啊!"石勒自己也清楚,自己的军队虽士气正旺,但粮草不济,退兵也得有个台阶嘛。

永嘉六年(公元312年)六月,石勒按照张宾的建议,从葛陂向北行进。乱世之中,各地都采取方法自保,石勒带兵所经过的地方百姓都坚壁清野,因而没有抢掠到什么东西,军士们非常饥饿,出现了人吃人的惨象。当部队艰难地行进到东燕(延津县附近)时,听说汲郡人向冰聚集了几千人在枋头修筑营垒,石勒很是担心遭到向冰阻击。

张宾深知没有粮食,军队根本没有机会打败邺城的晋军。但是粮食也不是那么容易筹集到的,只能打倒当地军阀,然后抢粮,现在向冰应当是有粮的。于是,张宾对石勒说:"将军,向冰是当地的军阀,手里粮食肯定不少,但是听说向冰的船只都放在水中没有抬上岸,应当派遣轻装兵士抄小道去偷袭、夺取这些船,用来渡大部队过黄河,大部队渡河后,一定能擒获向冰。到那时,他的东西就是我们的了。"石勒按照张宾的建议攻打向冰,得到他的全部储粮,军队士气高涨,于是马上挥师攻打邺城,结果因为手中有粮,所向披靡。

骄横不纳"粮"谏　石虎两次伐燕两次兵败

□ 姚　磊

> 时间一天天过去，石虎粮食短缺的问题日益暴露。没有粮食，进攻不利，结果被慕容皝的骑兵部队打了个措手不及。兵败如山倒，石虎损失3万多人，马匹近千匹。

* * *

石虎，后赵皇帝，也就是我们曾经说过的"奴隶皇帝"石勒的弟弟。哥哥雄才大略，弟弟也不是一般人。石虎不仅勇武，而且心思缜密。往往越有才能的人个性就越是突出。石虎自小脾气暴躁，带兵打仗动辄杀人无数，碰到他心情暴虐时，就连屠城也干过多次，而且经常打罚军士，所以大家都怕他。

／ 轻粮骄横　埋下败笔 ／

那时，各路人马自封为王。北方除了石虎建立的后赵，还有慕容氏建立的前燕。慕容氏统领辽东（今天的河北、辽宁附近），因为崇尚汉文化，加上其粮食生产力量的增加，国力逐渐增强。晋国的人才就有到辽地投奔慕容氏的。渐渐地，慕容氏有了进军中原的想法。当时前燕与后赵之间，有段辽建立的国家。

本来石虎想同慕容氏一道灭掉段国，但是慕容皝在迁安附近伏击了段辽的弟弟段兰，掳掠牲畜、人口而回。石虎一路高歌猛进，打到了密云（今北京密云县），灭掉了段国，不仅获得了段氏的粮食、土地、军械，而且控制了进入辽东的咽喉要道。

就这样，两个本来想合作的国家变成了敌人。双方一个想逐鹿中原，一个想稳定北方边境，矛盾已经明确，就缺开战的借口了。

借口当然很容易找到。石虎借口慕容氏与其相约攻打段辽毁约，开始攻打前燕。咸康四年（公元338年），石虎调遣其攻打段辽的10万余人向棘城进攻。见此状，石虎的谋士建议："将军，我们刚刚打败段辽，战争之后，段国生灵涂炭，农事偏废；蓟北控大漠，南邻中原，是抵御辽东慕容氏的天然屏障，而且蓟县附近河流纵横，是绝佳的粮食生产基地。所以，建议在当地屯田生产，以图控制北方，谋取天下。"石虎性格的优点是决断有力，但反过来看就是独断专行。听了谋士一席话，石虎认为其影响士气，指着谋士的鼻子破口大骂："你个缩头乌龟，你没看见我赵国大军不费吹灰之力一举歼灭段辽，士气正旺吗？以这样的军队攻打城市，哪个城池能够坚守？谁的军队能够抵抗？区区慕容氏，能抵御我赵国大军吗？"石虎不纳贤谏，一意孤行的后果可想而知。

/ 伐燕缺粮　兵败棘城 /

且说慕容皝得知后赵大军一路杀来，惧怕不已，连忙找来燕国内史高诩问策："诩公，石虎带领10万大军直奔我燕国而来，我们军队比他少，怎么办啊？"高诩对慕容皝说："皇上，赵兵虽然士气正盛，而且战斗力强大，但是我认为不足以担忧。我们燕国历来重视农业，粮食充足，城池坚固。石虎是劳师远袭，为了达到进攻迅速的目的，根本没有时间带来攻城战械，因此我们坚守城池就可以了。"按照高诩的意见，燕国坚壁不出。石虎一看叫阵不应，攻城不下，于是一面留下军队继续攻城，一面派出军队攻打附近的县城，打算走"农村包围城市"的道路，结果36个城被石虎攻下来。5月，石虎进攻棘城，慕容皝害怕了，打算带领随从逃走，但是大将立即劝谏说："皇上，目前我们面对的赵军人多势众，如果您离开棘城，势必帮助赵军提升士气，而且赵军将利用您逃亡的名义，收掠我燕国城池。再说，石虎远道而来，军粮供应不济，因此必定急于攻打我燕国城池。我们燕国历来重视粮食储备，每个城市储粮均可抵御荒年，况且我棘城已经营多年，粮草积累较多。如果被石虎占了便宜，我们将很难有翻盘的机会。不如坚守城池，不管石虎的军队是否急兵攻城，我们都抵抗到底。等机会来了，出城攻打他，占了便宜就回来，即使没占太多便宜，也不至于落到逃亡地步。"

刘佩也提出："皇上，现在已经是生死存亡之时，必须一鼓作气，不能示弱。现在他石虎还未能站稳脚跟，因此我甘愿带兵入敌阵，纵然没有大捷，也一定可以安定民心。"犹豫中，慕容皝又问封奕，也得到了同样的意见。这样慕容皝就有底气了，他对大臣们说："我慕容皝建立燕国，怎么可能向石虎投降呢？"于是，燕国同仇敌忾，棘城保卫战中石虎没有攻破城池。时间一天天过去，石虎粮食短缺的问题日益暴露。没有粮食，士兵也无心打仗，进攻不利，结果赵军被慕容皝的骑兵部队打了个措手不及。兵败如山倒，石虎损失3万多人，马匹近千匹。

/ 积粮战略被慕容皝识破 /

石虎一路逃回后赵，心里那个气啊！按照他的个性，这口恶气是一定要出的！于是，灭掉慕容皝成了他日思夜想的大事。仔细分析失败的原因，石虎得出的结论是：都是粮食供应不济惹的祸。此时，他记起曾有谋士和他讲过粮食不够，打仗要吃亏的。对于没听谋士的话，他是后悔不已。找到了症结所在，石虎开始积极筹集军粮。他让曹伏将军将青州的军队调遣到朝阳附近，并运输3万斛大米作为军粮，同时又打造300条船，运输300万斛粮食到高句丽，并且让典农中郎将王典率领1万多人在海滨屯田，生产粮食。经过两年的积蓄，公元340年，石虎决定大举攻打燕国。他命令在司、冀、青、徐、幽、并、雍等7州征用兵丁，5个男丁取3人，4个男丁取2人；汇集邺城的部队，并调集100万斛军粮，以50万之众拉开战事。

再说慕容皝。自棘城保卫战打败石虎后，慕容皝信心大增。这次面对石虎的50万大军，他竟然一点也不紧张，而是冷静地召集各路将军谋划。他说："各位将军，这回石虎来攻打我燕，必然是倾尽全力，因此不可与之正面交锋，要出其不意。如果石虎从乐安出兵，必然将士兵集中在一起，在当地加强防守，同时在行军路线上必然有大的粮食囤积基地。我判断在蓟城有其粮食储备，因为当地也是段辽的储粮基地。如果他大军集结完毕，蓟城必然南北空虚。如果我们从小路迂回，出其不意，将他在蓟的军粮全部烧掉，到时他进兵的速度和粮食供应必然会受到影响。"看来慕容皝真是尝到粮食的甜头了，燕国众将领及谋士们连连点头。

于是，慕容皝派骑兵攻打蓟城，将石虎在当地的粮食仓储一并烧掉，彻底打乱了石虎的战略部署，使其二次伐燕以失败告终。

桓温：常胜将军难为无粮之仗

□ 姚 磊

> 桓温打仗从来都是在险中求胜，而且上天对他眷顾有加，但在攻打前秦时华山隐士王猛的一席话让桓温语塞了。他不能告诉王猛自己没粮食了，也不能说对面有8万秦军对阵，自己毫无胜算，正打算撤兵……

* * *

东晋是中国历史上一个很有特点的朝代，政治依靠的核心力量是氏族大家。氏族不仅掌握或影响皇帝的权力，而且氏族所带领的军队，也是当时平定内乱的重要力量。桓温，就是氏族大家的代表。他是历史上有名的东晋将军，年少时就勇武不可挡，后来进入军队，在荆州树立威信。

/ 攻蜀破釜沉舟 /

对于桓温来说，虽然出身氏族大家，但是毕竟家道中落，只能通过从军建功立业的方式获得肯定。永和二年（公元346年），桓温等到了改变自己一生的机会：西蜀的李势自称王以后无视晋国，这无疑给了桓温一个出兵的借口。于是，桓温上表朝廷，攻打西蜀。

桓温是一个很有个性的将军，他从来不按常理出牌，每次还能获胜。急切出兵是因为他想利用这个机会来证明自己的能力，在朝廷中获得肯定，并且聚集支持他的力量。但是，这样也造成了一个非常不利的局面，就是他根本没有过多的时间筹集军粮。

这不,他等不及备足粮草就带着大军浩浩荡荡地杀向西蜀。西蜀李势虽然知道桓温来打,但认为蜀道艰险,只要剑门不失,就能起到"一夫当关万夫莫开"的作用,所以根本没把桓温大军当回事儿。结果桓温的军队所向披靡,一直杀到距离成都只有200里的地方。那时,没有准备的李势心头大乱了。

毕竟是远道而来,最后一仗如何打还是有必要商量一下的。桓温召集来校尉,对他们说:"各路校尉,我们已经在西蜀攻伐两年,西蜀逆贼剿灭指日可待。前面就是成都,但逆贼重兵把守。探马回报,逆贼打算以逸待劳。我们虽胜券在握,但是绝不能掉以轻心。"有人说:"将军,我们一路杀来,这帮逆贼丢盔弃甲,我军一路高歌猛进。但是我军自入蜀以来,所获粮草有限,军粮供应全靠自筹;我军孤军深入,为防蜀军偷袭,辎重与主营同行。因此缓行稳打,步步为营才是上策。""我军人数众多,如分兵进击,一定能大获全胜!"这时先锋袁乔站出来发表建议:"各位,我们孤军入蜀,如果打败李势,我们可以立功晋爵;如果败了,将全军覆没毫无翻盘的机会。因此,必须一鼓作气,就像当年邓艾攻打蜀国一样。我建议将辎重留在原地,只带3天粮食,全军向成都进发,破釜沉舟,拿下西蜀。"桓温打仗从来都是在险中求胜,而且上天对他眷顾有加。袁乔的话深得他心:"先锋所言极是,我命令全军带3日口粮,立即发兵攻打成都。"结果俘获李势,平定西蜀。

/ 缺粮伐秦尝败 /

平定西蜀给桓温带来了政治上的跃升,因为在氏族大家掌控的东晋朝廷中,只有建功立业,才有机会获得重用。桓温不仅做了驸马,而且有功于晋。因此,他认定只要打败周边国家,就能不断提升自己的政治地位。

公元352年,氏族贵族苻健在长安称帝,建立前秦。东晋朝廷趁北方前秦、前燕攻伐的乱局,令殷浩北伐。殷浩在乱军中指挥不利,导致失败,指挥大权归桓温。这个机会对桓温来讲无异于天上掉下来的馅饼,促使桓温开始北伐。公元354年,桓温率领步兵、骑兵共计4万人,从江陵出发,并调集水路军队,攻打前秦。当月,桓温的先锋、别将攻打上洛、青泥,皆获胜。但是,前秦苻健派苻生等攻打桓温。在灞上,桓温督军力战,打败了苻健的军队。打胜仗了,军队自然走得快,但是到了灞水东岸,桓温命令军队就地休息,不再进攻。士兵们都很高兴,将军们却疑云丛生。实际上原因很简单——粮食供应跟不上了。当时的军粮运输队走得可比不上骑兵,所以辎重部队离前锋有好几百里。没有粮食,部队走得再急也得等,而且筹集粮草也不是一天就能解决的。加上打了一路,还没见到苻健的主力部队,据探子回报对面秦军8万人已严阵以待,桓温派的前锋司马勋也亡于阵前,所以只好停止前进了。

晋朝的军队来了,当地百姓夹道欢迎。当时,华山隐士王猛求见桓温。桓温见是世外高人,就问道:"我奉天子之命带领10万大军攻打逆贼,但是当地豪杰绅士没有来拜谒我们的,这是为什么呢?"王猛对他说:"将军啊,您带领天兵不远千里,深入敌境,长安城唾手可得,但是您不急于进攻,百姓不知您是真的想讨贼复土还是退兵回晋?"一席话让桓温语塞了。他不能告诉王猛自己没粮食了,也不能说对面有8万秦军对阵,自己毫无胜算,正打算撤兵。情急之下,他尴尬地说:"您是世外高人,我想请您回晋做官如何?"话题是岔开了,但该烦的还是烦。

晋军在灞水东岸驻扎,有的将军建议渡水攻打长安,桓温是怎么想的呢?他说:"现在我手里没有粮食,如果打必须等秦地的麦子熟了。我们一路攻来,根本没见到粮食的影子。苻健很聪明,他让军队把灞水附近的粮食全部拔了,而且是一路退一路拔。如今只有我们驻扎的附近还能等麦子收获,所以这仗打不下去啊!"殊不知,桓温产生退兵之意时,苻雄正带兵在白鹿原展开进攻,苻雄的进攻导致桓温军队损失上万人。最后,桓温带着关中打算回晋的3000多百姓退回晋国。

苻坚重粮攻荥阳　王猛灭燕用粮官

□ 姚　磊

当晋在中国南部讨论玄学的时候，北方的秦和燕已开始积蓄力量，实施其南图中原的计划。而在北方不同军事集团你争我夺、旷日持久的战乱中，前秦主苻坚东征西讨，最终成为一代枭雄。苻坚打仗不仅靠战术，更重视粮食。

* * *

当晋在中国南部讨论玄学的时候，北方的秦和燕已开始积蓄力量，实施其南图中原的计划。不过北部也不是太平之地，不同的军事集团建立起不同的国家，你争我夺，形成了一场旷日持久的战乱。在这场战乱中，前秦主苻坚东征西讨，最终成为一代枭雄。苻坚打仗不仅靠战术，更重视粮食。

/ 攻打荥阳抢占战略优势 /

秦、燕两个国家是新兴的北部国家，东西对峙：秦定都长安，有关中平原供给军粮，连年丰收；燕定都邺城，拥有晋阳、上党、洛阳、鲁阳、许昌，也是华北平原的富庶之地。因此，秦面对的是和自己同样名字的秦朝一样的困境，如果其选择东出，势必与燕国开始攻伐。而燕山山脉也是一道天然屏障，燕国军队也不容易攻打秦。只要秦扼守住函谷关，燕国大军难以西进。

　　燕国虎视眈眈。前秦如果不除去燕国就难以攻伐天下，且自己偏安一隅，一定没有出头之日。苻坚决定像当年秦穆公一样——东出。下了攻燕的决心，就是战略选择问题了。如何一击必胜呢？苻坚面前有三个选择：一是选择自长安出函谷关，东取洛阳、荥阳两个战略据点，然后沿河东进，攻打邺城；二是越过黄河，攻打上党郡，直接面对邺城，这是一条最近、最直接的攻打线路，可以说一剑封喉；三是自平阳北进，取得晋阳后，立即翻山过井陉，直逼邺城。

　　苻坚想了半天，发现如果要打燕，必须保证自己的军队粮食供应充足，因为不论哪条路线，都有优势和劣势："出荥阳，当年项羽、刘邦就是在荥阳决胜天下，还可以沿河而下，供应军粮，而且荥阳易守难攻，但是其距离邺城太远，这回打燕国就是要快；第二个选择嘛，我觉得既然是捷径，慕容韦应该也知道，所以他必然派重兵把守，因此讨不到什么便宜；第三呢，翻山越岭，可以出奇制胜，但是后续部队怎么办？辎重部队在山里走就是一条长龙，既没有战斗力，也浪费时间，到了前线，估计人都饿成半死了。"苻坚看着地图，苦思冥想，突然灵机一动："如果取其二呢？利用声东击西的战术，调动慕容韦的军队。"在和主将王猛讨论后，苻坚立即下令攻打荥阳。荥阳到手，他立即要求驻军，向东进发，但不要正面攻打燕国军队，如遇燕军，立即退回。这样不出一个月，荥阳、洛阳已成秦军营垒。

　　公元370年6月，王猛按照苻坚的要求，率领镇南将军杨安及精兵六万，进攻燕国。苻坚将王猛一直送到灞上，对王猛说："先委派猛将军率领我秦军主力从壶关、上党出潞川（漳河上游），直接取道攻打邺城。这是一剑封喉的捷径，但是务必要快打快攻，我将亲自监督粮草供应，星夜兼程，水陆一齐运粮，保证你在前方的粮草供应，你尽管一路向东。"王猛抱拳对苻坚说："君上请放心，我所执君上信任，此次出战，一定涤荡贼寇，平定鲜卑故地，速战速决，我定当以胜利报答君上信任。"果然，一个月后，王猛攻下壶关，生擒上党郡守慕容越。

　　杨安攻打晋阳，因晋阳粮食多，故打了两个月也没拿下。于是，王猛亲自带兵，下挖地道，入晋阳城，里应外合，攻下晋阳，擒并州刺史慕容庄。晋阳城的粮食也悉数为王猛所获，晋阳成为了秦军攻打邺城的粮食供应基地。

慕容评贪心粮草被烧

上党、晋阳失陷震动了燕国朝野。秦的军队已经进逼邺城，燕主慕容韦派太傅上庸王慕容评率领30万人抵抗秦国进攻。

本来慕容韦希望庸王慕容评能够力挽狂澜，救国于危难之中，但是他绝对选错了人，慕容评也是生错了朝代，因为慕容评是个彻头彻尾的商人。如果生在歌舞升平的时代，也许他真的是富甲一方的豪绅，因为他对金钱的关心程度远远高过对国家安危的关心。慕容评到了潞川不再向西，他怕王猛进攻，不过他身后也没有太多军队了。于是，他开始截流山泉，在潞川卖水赚钱。

大敌当前，哪里还有这样的主帅！王猛听到探子回报后，笑了："慕容评真是掉进钱眼了，他要是有几百万军队也是摆设，何况现在就是区区10万人。"忽然有探马来报："报，我探马营探得慕容评营后为山壁，其辎重粮草在背后，同时近日将有后续粮草运抵。其粮草存于营地东20里。""好，这个慕容评，你是小家子气，我看你丢了粮食还急不急！"王猛看到战机绝不延误，于是让游击将军郭庆率领5000骑兵，趁夜色烧了慕容评粮草。慕容评看到粮草被烧，士气更是低落。

王猛用后勤部队鼓士气

王猛知道燕国的士兵已经没了斗志，决定给予燕国军队致命一击。于是，他召集士兵，登上将台，对军士说："我王猛和诸位兄弟承蒙我主厚恩，一起摸爬滚打，刀口舔血，今天已经攻入贼燕之地。我们一路拼杀，同甘共苦，胜利就在眼前。因此，大家更要不怕牺牲，勇往直前，一起为国立功，成为秦国扩土开疆的功臣。"士兵们举起手中刀剑，高呼"剿灭贼燕，誓死报国"，呼声震天动地。

秦军群情激昂，士气爆棚。王猛开始调集军队，准备开战。后勤军需的士卒直接把釜（饭锅）砸了，军官也直接把粮食洒在地上，拿起刀剑跑到王猛营帐前，高喊："将军，不要忘了我们，我们虽然是督粮官，但是今天一役必定灭掉慕容氏，我们愿意冲杀在前，攻破慕容营垒，杀其锐气，食其粮草，宁愿死在疆场，也要打败慕容狗贼。"说者无心，听者有意。王猛打仗是以勇猛著称，但是他从不是一个莽夫，每次打仗前他也是清点粮草，保证自己肚子不能挨饿。粮草官本来战斗力弱，而且是保证大军后勤供应的核心部门，不到万不得已是不能上前线的。不过王猛自有打算。

　　他看到全军士气鼎盛，心中暗喜，因为附近除了面前的慕容评外，再无燕国军队，而身后尽是秦国土地，军粮不是问题：前进可食燕国军粮，自己带的这点粮食不过是装装样子；后退也不怕，已经打下的土地都是产粮州县。如果此次派战斗力最弱的后勤部队上战场，一定能够达到破釜沉舟的效果，而且慕容评已经是不堪一击了，有这点士气正旺的后勤部队再提升士气，定能一仗定乾坤！想到此，他把手一挥："军粮官听令，命你部悉数跟随前锋，正突敌阵，斩其主将人头，收其军粮，以供天兵。"结果毋庸置疑，王猛军队彻底打败燕国军队，斩首5万人。虽然誓师时，军士欢呼雀跃，扔掉粮食，但是秦军最终把慕容评的军粮悉数斩获。自此以后，秦军直逼邺城，灭掉燕国。

刘裕灭后秦　粮食立头功

□ 姚　磊

当东晋迎来它中兴的关键人物刘裕时，粮食安全被作为重中之重，这是刘裕在南征北战中总结出的治国大计。

***

在金戈铁马的古代战争中，粮食有时是生死存亡之道，有时也是夺人气势的战术物资。当东晋迎来它中兴的关键人物刘裕时，粮食安全被作为重中之重，这是刘裕南征北战中总结出的治国大计。

/ 荥阳失守　攻秦遇挫 /

刘裕最初是东晋参将孙无终的司马，在平定孙恩叛乱中屡当先锋，每战必胜。他不仅冲锋陷阵，且指挥有方，富有智谋，善于以少胜多。当时，诸将纵兵暴掠，涂炭百姓，独有刘裕治军整肃，法纪严明。刘裕的勇武获得了嘉奖，拜为相国，并被授予军政大权，封号为宋公。刘裕在灭秦建宋的征战中，最重要的一战就是粮食供应战。

公元416年，刘裕攻后秦。打下洛阳后，刘裕让冠军将军毛修之为河南、河内太守，剑指后秦。不过，他想待后续主力到达之后再继续西进。孰料战事瞬息万变，晋荥阳主将傅洪突然临阵倒戈，率虎牢关部队向魏投降，而虎牢关附近就是荥阳。

荥阳呀荥阳，你这个战略要地让多少将帅魂牵梦绕、绞尽脑汁啊！没办法，承载着天下粮食转运要冲和关中平原门户之任，就不能不成为兵家必争之地，当年刘邦、项羽就是以荥阳为界划定来各自的势力范围。刘裕当然明白：守住荥阳，就可毫不费力地对付后秦，对魏的进攻也不用太担心；而如果魏获得荥阳，就犹如一把尖刀插在自己的后背，直接影响西进战略。"按照目前的情况，不至于立即被翻盘，但是战略上自己已略输一筹，怎么办？"刘裕越想越烦。

/ 潼关合兵　姚绍西遁 /

话分两头，再来看秦主姚泓。对于后秦来说，荥阳就是咽喉要道，加强守备是必须的，荥阳不论落到谁的手里对后秦都不利。伤心生气解决不了问题，当下之急是调整军事部署，坚守潼关！"对，魏国拿到荥阳未必是件坏事，让刘裕心烦去吧！"想到此，姚泓立即让东平公姚绍为大将军，统领各路兵马，赐予黄钺，封号鲁公；命都武卫将军姚鸾率步兵和骑兵5万人坚守潼关；命令别将姚铲直接前往蒲坂城。

回到刘裕这边。沈林子、檀道济两主将同刘裕正商讨得激烈："蒲坂城已被秦军经营多年，不仅城坚墙厚，而且姚铲带领的军队加上已经在蒲坂城驻守的军队粗略算下来也有2万多，继续攻打蒲坂城恐怕毫无胜算，就是现在先试着打一次，也会损兵折将，因此这个买卖不划算。王镇恶是刘裕的振武将军，也是急先锋，他当下在潼关附近，但他的军队已经被调离得差不多了，而且他一人打潼关估计也打不下来，如果我们和他合并一处，估计能够打下潼关。攻下潼关，姚绍一定不战自溃。"因为王镇恶擅自西进，已远远地将刘裕的主力抛在后面，檀道济立即带领军队疾速行进与其会合。公元417年3月初，沈林子的军队也抵达潼关，三军会合，士气大振。而姚绍呢，他固执地认为对方远道而来，粮食带得必定不够，根本没把檀道济的军队放在眼里，殊不知刘裕重粮啊！就这样，判断失误使姚绍犯了一个致命的错误，结果是攻打刘裕运粮队的秦军被打得落花流水、一路西遁。

定城大战　粮定北方

吃了败仗后，姚绍立即退兵在定城（潼关西30里左右）。这里是关中平原前面最后一道有险可守的城池。在渭水的南部，在官道旁边分立的两个城池就像两个哨兵，不仅可以分兵，而且还能相互支持。

姚绍马上开始布置战斗："檀道济兵力不多，虽有王镇恶军队支持，但粮食带得必定不多。他守在潼关，只不过是等待后援，此前我们和他硬碰硬地干了一场，他们也是损兵折将，应该不会立即还手。我们现在分兵断他的运粮道，一定能让他们束手就擒。"一个是以逸待劳，一个是强弩之末，这仗可有得打了。果然，定城天险易守难攻，加上后面就是后秦的国土，秦军拼死守卫，几个月过去了，战事一直没有进展，军粮也接济不上了，王镇恶就想丢掉辎重粮草，退出潼关。沈林子见到他，大怒，按着宝剑说："我相国刘裕，乃天下难得英才，河南、洛阳已经平定，潼关外大战也将结束，现在就看前锋你的决心，为什么你要丧失斗志呢？我们已经打下潼关，我们的军队还打败了姚鸾的进攻。放心，粮食不会有什么问题，这个时候不能退缩！"沈林子深知王镇恶的心思，无粮军心不稳啊！跟王镇恶说了半天，也只是先稳住他的心。打发走王镇恶，沈林子立即向刘裕发出300里加急传令，要刘裕赶紧派人送粮食啊。

看到沈林子的加急文书，刘裕气不打一处来。他能不气吗？这个文书要打破他的后勤部署啊！但他更知道当前的局面来之不易，也只能将气撒到传令官身上："我让你们别马上前进，你们就是不听，仗着自己有点能力，就轻兵进击潼关，那个地方是好打的吗？现在岸上都是魏军，我们根本没有军粮能够运送到前线，你要是有能耐，把这些魏军给我打了再说，我现在手里只有一点船能够给你们运送点粮，剩下的只能看沈林子的。"王镇恶知道粮食问题主帅非常重视，但也可能是空头支票，打仗没有军粮，非出乱子不可。于是，他亲自到弘农（河南、陕西交界处）游说当地百姓："我刘裕大军前来就是为铲除暴君、恢复国土的。作为晋国义军，我们需要本国百姓支持……"定城毕竟是秦掠夺之地，百姓心向东晋，于是百姓竞相送粮，军粮问题才得以解决。

这时守在定城的姚绍依然认为檀道济是孤军深入,遂派姚洽、唐小方等进击黄河北部九原,打算在此截断檀道济的粮道。檀道济是谁啊,他可是骁勇善战、久经沙场的老将,深知无粮就败的道理。他将计就计,立派两倍于姚洽、唐小方的兵力进行截击,最终斩杀姚洽、唐小方等将。消息传到姚绍的耳朵里,他悲愤交加,一口鲜血吐出,倒地不起。

结果,刘裕顺利打败魏军,对秦军形成包抄,最终统一北方。当东晋迎来它中兴的关键人物刘裕时,粮食安全被作为重中之重,这是刘裕在南征北战中总结出的治国大计。

收复北部宋地,檀道济备尝缺粮苦

□ 姚 磊

檀道济是刘裕手下的一员大将,不仅勇武,而且心思缜密,在与姚秦的粮食供应争夺战中表现异常突出。但是关羽有走麦城的时候,檀道济也有缺粮的时候。也许是在缺粮的生命线上屡次转危为安的缘故,檀道济每每大战遭遇缺粮时总心存侥幸。但这次,上天没像以往那么眷顾他……

* * *

回想三国时代,那应该是一个英雄辈出的时代,纵横中彰显英雄本色。虽然南北朝时代的权谋与征战不如魏蜀吴时代那样激烈,但也称得上乱世英雄并起。今天,我们就将眼光聚焦到一位曾经熟悉的英雄——檀道济身上,他就是那个在攻打后秦时骁勇无比的战将。

檀道济是刘裕手下的一员大将,不仅勇武,而且心思缜密,在与姚秦的粮食供应争夺战中表现异常突出。但是关羽有走麦城的时候,檀道济也有缺粮的时候。也许是在缺粮的生命线上屡次转危为安的缘故,檀道济每每大战遭遇缺粮时总心存侥幸。但这次,上天没像以往那么眷顾他,而是只保了他一条命。

/ 魏国的智慧 /

在南部的胜利让宋国刘裕（刘裕在公元420年代晋建宋）向北部瞭望，因为连年征战导致宋地北部被魏国蚕食侵占不少，是到了该拿回来的时候了。而对于魏太武帝来讲，北方的柔然已经被基本征服，剩下的就是南部的宋了。两个人的目光都投向了对方，这仗是一定要开打了。但如何打，就要拼两国皇帝和主帅的智慧了。

魏太武帝召集将军们在大殿商议，将军们一致认为："宋国犯边侵境，请发兵3万人，攻其不备，挫其锐气，并杀伤宋军，让其不敢入境。"太武帝也盘算着打一仗，多少有点便宜。他环顾朝堂一周正要发话，突然一人大喝："万万不要出兵！"宛如一声惊雷，突然将大家从义愤填膺的激动拉回到理性的思考。

说话的人是崔浩。这个人精通阴阳五行，谋划筹算无人能敌，可以说是个诸葛亮式的人物，太武帝非常信任他。"崔卿，您但说无妨，为何不可攻打宋国？"崔浩左手持杖，右手掐算，然后说："诸位将军，讨伐宋国乃为我大魏国的战略，各位将军义愤可见我大魏一定能够打败宋国，一统江山。但是，现在时节不恰，因此不能贸然出击。南方乃湿热之地，入夏之后水汽落地，草木茂密，容易生疾病，到时宋人一定是坚守城池，使我军不能疾行。如果攻城，则需要粮食的稳定供应，一旦到时供应不济，只能分兵抄略军粮，不能应对宋国的反击。如果能够等到宋国发兵北来，到时天已入秋，宋国军队远征疲惫，我们则是秋凉马肥，因敌取食，此为良策。"大师就是大师，一席话一下子说到了魏太武帝的心坎里，毕竟自己手里粮食不多，而且骑兵是强项，攻城略地还得再操练操练。于是按照崔浩的谋略，魏军养精蓄锐，只等宋军入瓮了。

/ 魏诱宋成功檀道济出马 /

当年刘裕率领大军攻打秦国，一路西进，路上和拓跋魏打了一仗，以威示魏。魏国不敢攻打刘裕，当然引得宋军膨胀起来。这次两国宣战，魏国没与宋国交兵,而是主动放弃了滑台、虎牢、金庸、碻磝4个城池。宋国大将到彦之命令朱修之驻守滑台。这时宋国军队欢欣鼓舞,兖州、司州等皆收复。殊不知这是魏国崔浩的诱敌之计。

宋军内只有王仲德(到彦之的副将)明白魏国真正的攻势还未开始,如果天气降温,宋国后勤运粮路线拉长,对方骑兵迅速,宋国很难讨得便宜,因此他忧心忡忡。恐怕古代就有"墨菲定理"了。魏国果然开始进攻,而且一路攻势凌厉。虽金庸城已经修复,粮食充足,但毕竟不能坚持守城,而后续援军一看魏军已经杀到,连城也不要了,直接往南跑。魏军马上集中优势兵力,攻打兖州、青州,结果是宋军全线崩溃。

这时宋文帝突然想起一个人,期望他能够挽救败局,这个人就是檀道济。

/ 军粮不济滑台失守 /

檀道济大家很熟悉,就是当年攻秦时的主帅,坚守运粮通道,险中求胜,所以宋文帝对他寄予厚望。

檀道济领兵直赴滑台,魏将长孙到生、叔孙建与其对阵。20多天里,打了30多仗,檀道济胜多败少。说话间战线已经推到了济水边上,滑台(今河南滑县)已经到手。

但是,好运气并不总是眷顾一个人。长孙到生、叔孙建作为青年将领,最大的特点就是灵活。对手硬拼,打不过,怎么办?"我魏国擅长骑射,马匹速度快于步兵。而宋国军队初胜,推进速度快,因此粮草必定由后运输。现在宋军仅滑台在手,当为孤军深入,我们可断其粮草,碾其士气。"于是,魏军派遣两路骑兵:一路正面突击,吸引兵力;另一路抄了檀道济的后路,烧了粮草。结果宋军没有粮草,只得退守滑台。

话又说回来,不是檀道济不注重粮食,只是这次的对手是擅长骑兵的魏国军队。当时,檀道济已经考虑到了后防要紧,但是很无奈,两条腿跑不过四条腿呀。军粮不济,只能坚守城池。

而守城一要粮食,二要水源,三要有人,滑台只具有后两个条件。宋将朱修之坚守3个月后,城里粮食全没了,城外是里三层外三层的魏军。

外援无望，士兵们饥饿难耐，甚至从鼠洞里抓老鼠吃。又坚持了不到10天，滑台城破，余兵悉数被俘。

/ 姜还是老的辣 /

檀道济带着败兵一路南逃，队伍后面的士兵有的经受不了饥饿的折磨，向魏国投降了。魏国将投降的士卒抓到大帐，喝问："你们宋军一路胜多败少，你们为何到我大魏国，是不是奸细？"几个降卒跪在地上，有气无力地说："将军，我们是真心投降，我们没有别的意思，我们只是小士卒，实在是饿得受不了了，您给我们口饭吃吧。""当真？檀道济手里没有粮食了？""对，没有粮食了，您行行好，给我们口饭吃吧！"魏军主将略沉思了一会，大手一挥："来人，将他们送到伙房营，每人吃饱。"校尉带着降卒下去之后，魏国主将立刻找来骑兵主将："刚才听降卒说檀道济那边已经没有粮食了，现在正一路溃逃，我们应该乘胜追击，绝不能让檀道济回到宋营。""遵令，但是降卒之言会否有诈？""你一路追去便是，如檀道济粮食丰腴，便立即归营，不得有误。"一路骑兵得令追出。

那么，檀道济的军队究竟怎样呢？见军士们一路溃逃已成惊弓之鸟，檀道济深知军心不稳必遭屠戮，因此在东阿县南七里的地方驻营，命士卒唱起家乡的歌曲，然后把剩下的米覆盖在土堆上，让士卒手举火把，照亮粮食。魏军骑兵主将立即回营禀报，檀道济仍然有余粮。于是，降卒悉数被杀。檀道济命令所有军士披挂盔甲，慢慢走出营地，侦查的魏军认为宋有埋伏，于是放檀道济南归。

打仗打的就是粮食

□ 姚 磊

公元466年,刘子勋的军队一路高歌猛进,江南各地皆投降臣服,赭圻等地被攻陷,建康大门敞开。有人犯上,宋明帝刘彧当然不能坐以待毙。他手里有10万精兵,若粮草充足,翻盘的机会还是大大的。生死存亡的关头,也管不了那么多了,赶紧想法子弄粮食……

* * *

宋自刘裕建国后,对外征伐,对内文治,但是总有内乱不定。宋文帝刘义隆被太子刘劭弑杀,而刘劭又被刘骏击败所杀,但夺得皇位的孝武帝刘骏没活过36岁就没了。于是,武将拥立16岁的刘子业为废帝,结果这个皇帝也没活几天。于是,武将们又拥立湘王刘彧为明帝。皇帝走马灯似的换,各路诸侯、文臣、武将也不闲着。于是,宋国境内刀兵四起,粮草再成紧俏军需。

/ 晋安王"拥粮"起事 /

这天,左卫将军孙冲之给晋安王刘子勋发了一封军邮:"主上,进攻赭圻的舟船已置办妥当,粮食也已备足,目前我方将士士气正旺,定能顺流而下,一举攻陷建康。"就这样,刘子勋决定挥师东进,调任陶亮为右卫将军,欲与明帝刘彧一争高下。在进军队伍里有个叫邓琬的长史,是个肆意享乐之徒，他赚钱的手段除了受贿，就是买官卖官，倒卖军粮。这个邓琬毕竟是管理内政的关键人物，免不了目中无人。即使有慕名而来的宾客，他也是旬月不见，待人十分无礼。俗话讲：一颗老鼠屎能坏了一锅粥。专管军供的长史如此腐败，后果那是相当严重——表面上刘子勋实力满满，实际上内里空空，出兵之时，败绩已定。

刘子勋对这些不晓得呀，他一直沉醉在士气旺、军粮足的兴奋中。阅读了孙冲之的军邮，他越觉得底气足，好吧，马上发兵！公元466年，刘子勋的军队一路高歌猛进，江南各地皆投降臣服，赭圻等地被攻陷，建康大门敞开。

按照当时的情形，刘子勋的军队要强于刘彧的军队。

/ 宋明帝筹粮稳军心 /

有人犯上，明帝刘彧当然坐不住，心里烦得很，但总不能坐以待毙吧，只能以死相拼！刘彧还是有点儿血性的。

刘彧手里有10万精兵，若粮草充足，翻盘的机会还是很大的。生死存亡关头，也管不了那么多了，赶紧想法子弄粮食。想到此，刘彧立马召集内廷臣子商议："我们宋国内乱不堪，贼兵乍起，他们攻势凌厉。我官军虽然拼死抵挡，但毕竟力量有限。目前，我们与叛军隔江对峙，毕竟不是长久之计。我认为在其羽翼未丰之时，应尽早荡平穷寇。"内廷诸臣皆赞许，刘彧继续说："我们现在最大的问题是粮食储备不够，10万大军与贼兵对峙的同时，还要积蓄力量一举夺回失地，任务相当重。从目前情况看，我们的军粮勉强能够维持运转。如果进攻开始，恐怕缺粮的窘境立即就会显现。""君上，我宋国领土广大，物产丰富，虽官粮有限，但豪绅手中亦有粮食收储。另外，我宋国重视农桑，在江南各地应有足粮，因此建议现在公布天诏：凡供粮万石或千金以上者，赐予荒地，或者给予五品以下的小官。这样既解决了燃眉之急，也落得一个公平。"有臣子如此进言。刘彧听后，眉头一皱："我宋国就没有积极响应王师义举的吗？我宋土就没有足粮充饷了吗？"朝堂上一阵静默。刘彧皱着眉头陷入了沉思：手里确实没有粮食，而筹措粮食也只能用这个办法，打仗打的就是粮食，在这个问题上打肿脸充胖子只能落败。想到此,他果断决定由内廷长史安排筹措军粮,即按照廷议结果卖官得粮;再派遣建安王刘休仁安抚军中将士,协调粮食,保证各军区粮食供应平均。消息传到军营,10万大军军心稳定,士气大增。没多久,建武将军吴喜率领5000人督运粮食自会稽到赭圻,胜利的天平开始向刘彧一边倾斜了。

/ 手中无粮,走为上 /

刘彧的将军沈攸之负责督军进攻赭圻。刘子勋攻打赭圻时准备把此地当作进攻刘彧的基地,因此粮食、军械储藏较为丰富,而且人也多。针对此情况,沈攸之决定围攻。为啥要围攻呢?因为进攻的队伍不止一支,而刘子勋占领赭圻的是前锋部队,带的粮食肯定有限,其重要粮食储藏在赭圻城外,只能利用水路向下游的前锋部队进行运输;而沈攸之反攻的时候,城里的粮食并不充裕。所以,围攻是沈攸之的最好选择。

当时刘子勋军坚守赭圻的将领是薛长宝,他本就是个主抓后勤的官,深知粮食的重要性,所以当然晓得对手想要断绝其粮路。紧要关头,他果断向后方的刘胡求援。刘胡也是刘子勋的大将,素以机警著称。看到薛长宝没有粮食的告急信,他命人将大米放入皮囊(羊皮和牛皮做的囊,防水,还能浮在水面)中,然后将盛满大米的皮囊系在木头上,让其顺流而下,表面上好像是船只倾覆,杂木漂浮在水面上,实际上就是运送粮食。

与此同时,刘胡自己马上带领1万人运粮,支援赭圻。

沈攸之也很聪明,早就识破了刘胡的伎俩,于是所有的粮食都归了沈攸之。屋漏偏逢连阴雨。刘胡的皮囊水路运粮失败后,赭圻城下原本为抵挡沈攸之而修的壕沟反而成了阻挡刘胡陆路运粮的大障碍,结果刘胡被沈攸之抄了后路。一阵拼杀后,刘胡身受重伤,所带的1万多人也被斩杀过半,除了部分后续粮车跑得快,回到营地外,基本上是全军覆没。

后来,刘子勋要刘胡继续进攻,但是已经被打怕了的刘胡扯谎说,建康粮食供应不济,到时米价腾贵,其不攻自破。而实际上各路人马已经是心怀鬼胎,各自打算了。

萧衍重粮,运筹帷幄定乾坤

□ 姚 磊

萧衍打消了萧颖胄向魏国搬兵的念头,成功围攻鲁山、郢城,一鼓作气拿下汉口,使粮食转运通畅。后遂统兵东进,粮食供应源源不断,攻城略地无数。东昏侯被甲士格杀,齐国易主。

* * *

齐高帝萧道成于宋顺帝升明三年(公元479年)篡宋,国号齐。

但是篡来江山不易坐,齐国内忧外患从未断。自萧道成篡宋国后,魏国以宋国被窃为名,攻打齐国,而齐国内部攻伐不断。永元二年(公元500年),齐东昏侯杀尚书令萧懿,拟刺杀雍州刺史萧衍,内乱攻伐一触即发。

/ 兵马未动　粮草先行 /

萧衍实在是被逼无奈。对于他来讲,一个人镇守襄阳城,虽然偏居西部,但襄阳毕竟有长江天险,周边可以说是盛产鱼米的膏腴之地。若不是昏君当道,估计萧衍也想乐得在此地安然逍遥。理想终归是理想,现实通常不会遂人愿。公元500年,西中郎将长史萧颖胄起兵了,而且是叫上萧衍一起干。

这个萧颖胄还真下血本,自己拿出钱财粮食,充盈军库,顿时追随者一呼百应。但他不想马上就开打,而是写信对萧衍说,准备次年2月讨伐东昏侯。萧衍已经被东昏侯逼上梁山,举事之心已定,看到萧颖胄的书信,认为十分不妥,于是修书回复:"只要我们举事而起,开始基本靠骁勇决心,每件事情、每次战斗要环环相扣,最怕的就是犹豫不决。如果按照将军的意思顿兵几个月,估计到时候就有后悔的思想了,军队锐气必尽被挫。而且拥兵10万不立即起事,粮食资用耗费巨大,到时只有坐以待毙的份儿了。现在大势已定,怎能中途旷废?如果当年周武王伐纣王的时间算的是犯太岁,难道就不打了吗?"于是两人合兵攻伐。

公元501年,萧衍让弟弟萧伟统领襄阳兵马坐守襄阳城,自己点兵东进攻伐。但是,他走后,萧伟手里的粮食就没有多少了,结果魏兴太守裴仁师、齐兴太守颜僧都前来攻伐。既然起事,粮食不够,与其坐以待毙,不如舍命一搏,这个道理萧伟当然懂得。于是,来犯之敌被打败,萧衍后防无忧。萧衍一路到达竟陵(今天门附近),命王茂、曹景宗为前军,张法安守竟陵城。王茂等人到达汉口,大家就下一步进攻计划商议起来。有人认为立即攻打西阳、武昌等地,然后围郢城。萧衍看了看地图,对诸将军说:"汉口地阔一里有余,房僧寄重兵把守。如果我们直接进攻郢城,对方熟悉当地地理,以逸待劳,定会抄了我们的后路,因此不能急于进兵。应该与荆州的军队也就是萧颖胄的军队合兵后,进逼郢城,然后围攻鲁山,打通汉江。到时竟陵储粮可载舟而下,江陵湘中的士兵也可以乘船进军,我们兵多,粮食多,眼前的汉口就是囊中之物,天下大事就可以高枕无忧了。"

/ 一鼓作气拿下汉口 /

战事瞬息万变,这厢萧衍刚定下作战策略,那厢萧颖胄的军队就纵兵出击,结果导致萧颖胄东西受敌,形势堪忧,他只得遣使告诉萧衍:"我们在汉口受阻,形势堪忧,如果现在我们不合并一处,攻打西阳、武昌,取得江州等地,战机必定延误,因此还是请救于魏国,南北联合才是上策。"萧衍一听急了,哪里有这样轻率的!引狼入室的事情决不能干!遂立即修书告知萧颖胄:"汉口直通襄阳、樊城等地,你我荆州、雍州皆为其通路城池。汉口可以控制秦、梁,南北粮食转运全靠汉口支撑,且汉口也有粮食储藏，如拿下汉口，粮食供应将彻底解决。汉口连接数州，咽喉重地必定要争夺。现在如不合并一处而分兵进击，到时鲁山房僧寄的守备部队必定阻挡我运粮要道，粮食供应不上，你我军队必然散乱，到时就是有心也无力回天了。我让邓元起带领3000多人正在赶往寻阳的路上，如果贻误战机，我们就没有优势可言了。武昌、西阳两城已经得手，也应镇守，而守城要万余兵力，还要保证粮食储藏得当，否则两城一丢，我们就无所依仗，联军自然土崩瓦解。现在我们起事，天兵降下，诛杀贼臣，是以强胜少，怎能还要从北方搬兵求救？如果真的向魏国求救，魏国也未必相信，只能是徒增我们的坏名声而已，这绝对是万般不可的下下之策。只有乘胜进击，才能赢得胜利。"就这样，萧衍打消了萧颖胄向魏国搬兵的念头，带领守城军队在加湖与鲁山城中的房僧寄军对峙。历史总是眷顾那些有运气的人。就在对峙期间，鲁山主将房僧寄病故。就在军中无主帅的节骨眼儿上，那个东昏侯还纵情娱乐，根本不管前线吃紧。萧衍利用这个机会，围攻鲁山、郢城。郢城10万余人坚守城池百余日，弹尽粮绝，瘟疫流行，随处可见亡者。眼看城守不住了，鲁山主将张孜、程茂等只得献城投降。萧衍得汉口，粮食转运通畅。

扫清了前进路上的障碍，萧衍命令骁骑将军郑绍叔坚守寻阳。他对郑绍叔说："将军，您就是我的萧何啊！我马上东进，定拿下那昏君人头，这一路上的粮食转运全靠您了！"萧衍统兵东进，粮食供应源源不断，攻城略地无数。东昏侯被甲士格杀，齐国易主。

陈霸先"霸"粮败齐建陈国

□ 姚 磊

"军队靠胃行军",拿破仑的名言早在千百年前就被我国军事将领应用纯熟。天还未亮,陈霸先让将士们饱餐一顿,然后亲自带领一支部队出幕府山,前后夹击齐军,斩首齐军数千人……

* * *

历经宋、齐、梁、陈四个国家的相争互伐,南北朝时期的天下就没有一天消停过。成就霸业的开国皇帝们虽然性格迥异,但是他们有一个共同的特点——都重视粮食供应的安全。

/ 平叛乱陈霸先掌梁权 /

萧衍建立梁,是公元502年的事。萧氏的好日子没过多久,便内忧频生,最直接的原因还是兵权——兵权旁落到军阀手中了!这样造成的结果是什么呢?是换皇帝同换烛台一样容易。

这不,魏降将侯景攻建康,挟持梁帝。公元552年,大梁领军将军王僧辩与西江都护陈霸先会师,水陆并进,攻破石头城(今南京西),大败侯景叛军。

在北齐的威逼利诱下,王僧辩迎立北齐扶植的梁贞阳侯萧渊明为帝。王僧辩此举遭陈霸先反对。王僧辩坚决立主,陈霸先一不做二不休,直接杀了王僧辩，拥立萧方智为梁帝，贬黜萧渊明为建安公，并将有关信息告知齐国。明摆着嘛，"梁国的实权人物是我陈霸先了"。陈霸先强势得权会服众吗？答案是否定的。反对的浪潮自梁朝内部起：公元555年，吴兴太守杜龛、义兴太守韦载、吴郡太守王僧智（王僧辩的弟弟）起兵了。面对乱局，陈霸先先是招抚了韦载，然后平定吴兴。陈霸先正收拾王僧智时，齐国趁火打劫：看到梁乱，齐国立即派5000人渡江占据姑孰，派遣安州、楚州、淮州刺史领兵万人屯兵胡墅（石头城对岸）。

大兵压境，陈霸先也慌了神。他不计前嫌，问计于韦载（毕竟他曾是义兴太守）："我刚把王僧辩打败，本想告诉齐不要干涉我们内部事务，他们扶植的萧渊明我不仅没要其性命，还让他享受王公待遇，但这恐怕还是要成为齐的借口了。"韦载毕竟是饱读兵书，他对陈霸先说："主公，您骁勇无比，我们拥立明主也是为梁国永续正朔，因此我们乃正义之举。齐国来势汹汹，按照目前的进攻路线，如果齐师先分兵夺取到三吴的道路，包抄到我们东面的淮汉地区，就大事不妙了。不过齐毕竟是劳师远袭，我们当务之急应是入淮南之地，将当年侯景叛乱时构筑的城池作为进攻前进的基地。侯景进攻建康，没少下功夫，我们修复部分城池即可。侯景所筑的城池皆在粮食转运要道上，我们可以利用当地地理条件，分兵向北将对方的运粮通道截断，这样进可攻，退可守。我想到时齐国主将的脑袋就是我们胜利的标志了。"陈霸先依韦载所言行事，果然齐军一败涂地。

/ 迎齐侵釜底抽薪断其粮 /

齐国绝对是咽不下这口气的，要求互换人质休战。陈霸先也没力气打过江北，因为建康的粮食运输不济，便答应了。虽然接纳了梁派的人质，齐国南下的企图也被遏制，但是齐国并不甘心，因此开战只是时间的问题。

绍泰元年（公元555年），齐军开始进攻。不久，齐军的前锋游击兵便攻打到台城（建康西侧）。陈霸先亲自率领军队与齐军大战，在白城（湖熟附近）打破齐军防线。但是齐军志在必得，舟车粮运不断运抵前线，打败一支部队，马上又上来一支。这样耗下去肯定不行，陈霸先决定给齐军来个釜底抽薪。"兵不厌诈，派细作打探，我就不信摸不到齐军的软肋！"

说干就干,陈霸先的"密探"火速打入齐军内部,谍报工作成效显著。

这天,阳光明媚,陈霸先心情出奇得好,他收到了一个重要情报:齐军粮食转运站设立在江北,仅有后勤军士负责民夫转运,且为舟楫集中运输,每3日运粮一次。这样的好消息,陈霸先怎能不高兴呢?江南地区粮食流转全部依托水运,不仅速度快,而且密布的水网能够保证粮食源源不断运抵。陈霸先抽调3000精兵,让主将沈泰带着。他们趁夜色渡江,绕道袭击齐军行台赵彦深,获得近百舟船,粮食近万斛,截断了齐军在江北的粮食供应站。与此同时,按照齐军运粮的时间规律,让别将钱明袭击粮船。结果,钱明成功地截击了齐军粮船,使陈霸先的军粮库更充实了。

再说齐军,本就是以骑兵迅速穿插为战术特点的,结果粮食没有了,江南作战难以发挥优势,没法子,只得杀驴马充饥,其后劲锐减。但是齐军毕竟准备充分,前锋已经进驻玄武湖西北。梁齐之间必定还有一场决定生死之战。

/ 保军粮速战速决建陈国 /

天公作美,江南阴雨不断。齐军不谙江南地理,宿营地没有排水功能。结果,不论白天还是黑夜,齐军士兵都身处水里、泥里。而陈霸先军队的驻地地面干燥,梁军悠然自得。

过了几天,天逐渐放晴了,陈霸先打算发动进攻。这一战非同小可,是决定生死存亡的一仗。陈霸先率先发动攻击还有一个更重要的理由——缺粮。兴刀兵时,是凶年恶景;建康虽然是朝都古城,但是四方隔绝,粮食转运不畅,粮食供应有限,城中的人也四处逃难去了。但是陈霸先知道,再过一段时间齐军就坚持不住了,战局绝对对自己有利,可以说是谁先得粮谁必胜。可该如何解决自己目前的粮食供应问题呢?陈霸先决定赌一把,他命令士兵把供应建康城市民的粮食全部调集到前线。但这粮食还是有限,仅够士兵们果腹。于是,陈霸先命人从吴兴征调军粮,但对这个法子陈霸先心里没底。因为吴兴太守换人,当地老百姓兵祸连连,粮食够不够自己吃很难说,能不能征集到军粮还真没把握。谁料结果让人喜出望外:在吴兴征到了粮食不说,还连夜送到了营地。据不完全统计,有大米3000斛、鸭子1000只，这可解了陈霸先的燃眉之急。

"军队靠胃行军"，拿破仑的名言早在千百年前就被我国军事将领纯熟应用。天还未亮，陈霸先让将士们饱餐一顿，然后亲自带领一支部队出幕府山，前后夹击齐军，斩首齐军数千人。丢盔弃甲的齐军相互踩踏致死者也有千人。

陈霸先通过此战一举成名，威望日盛，并于太平二年（公元557年）9月，自封为梁朝丞相、镇卫大将军。随着时间的推移，与其虚假地拥立傀儡皇帝作秀，不如干脆自己说了算，于是萧氏禅国，陈霸先建陈国。历史再一次因粮食而改写。

周齐大战：谋略万变不离粮食

□ 姚 磊

齐肃宗高演时代，齐、周实力并驾齐驱。它们都充分考虑到自身粮食产量的优势和军队战法劣势，提出了扬长避短的战斗策略。

* * *

话说东、西魏分立后，北齐神武帝高欢与北周宇文氏攻伐不断，可以说是两败俱伤。后来，齐被周灭，最直接的原因还是战略核心问题——粮食问题。今天回头看，齐国虽败，但从其谋士制定的国家战略中还是可以看出粮食的分量。

/ 卢叔武论持久战因粮制敌 /

齐肃宗高演时代，齐、周实力并驾齐驱。他们都充分考虑到自身粮食产量的优势和军队战法的劣势，提出了扬长避短的战斗策略。

高演的太子中庶子卢叔武是一个奇谋之才，他熟知齐国经济地理，其理论便是持久战策略。当高演问计于他的时候，卢叔武说："我齐强彼周弱，我富彼贫，其势相悬。但是打了这么多年，死了这么多人，也没有把周灭掉，就是因为我们没有发挥自己的优势，没有利用好大齐的经济优势和军事优势。每次与周国战斗都是在野外，轻兵野战，步兵相互攻伐，胜负当然难料，而且这种战法是胡人的战法。大齐以步兵为主，骑兵为辅，胜负必定很难说。我以为，我们需要步步为营，最好的方式就是在平阳设立重镇，以平阳作为战略支点，与周的蒲州相对。同时在平阳、蒲州之间挖深壑，高筑堡垒，在平阳储运粮食，使周不能向东移动。如果周军闭关不出蒲州城，我们就蚕食他们河东地区，然后继续筑城，让他们粮食产区日益减少。如果他们出城与我们对战，按照平阳城积粮布置来看，我们至少有5万人以上，外加附近边镇策应，周军若不发兵10万人以上不足以与我为敌。真的打起来，他们的所有粮食都仰仗关中之地转运，关中粮食一年一熟，产粮地区也有限。我们的军士就是在前线与他们对阵一年，依然谷丰食饶。如果周军求战，我们就对其置之不理。如果他们退回去，我们就趁机进攻。从长安往西的地区，人少城少，周国军队势力一定弱，且派兵来往前线路途遥远，实在不合算，再与我们对峙，肯定无暇顾及农业。农业荒废，其后劲皆废，不出3年，周国一定自乱。"

高演采纳了卢叔武的谋略，开始在齐国西部屯田，做打持久战的准备。到高湛为齐帝时，仍然采用卢叔武的策略，在西边修筑堡垒，并且向南与陈修好。

但到齐后主高纬时代时，齐国内贪污腐化严重，国家财力不济，只能削减边镇数量和驻军，仅在洛阳、河阳、平阳等地驻有重兵，同时从战略到战术都没有统一的方式应对周国。周则逐渐获得战略主动：除关中平原外，周军已经东出，且充分运用战斗中学到的策略——在东出的路上筑城屯田、治兵积粮，为灭齐奠定了坚实的物质基础。

/ 韦孝宽活用齐略助周败齐 /

公元575年，周武帝见陈伐齐，取得了淮南之地，便开始谋划攻打齐国，他命令边镇将领加强防守。齐虽然已经没有高演时代的强悍，但毕竟还是要保国存帝，因此加强了戒备。

没有好的治国方略，再强的戒备有什么用呢？再说周军，他们的各路将领经过多年与齐国的战斗，已经清晰地了解齐的军事方略，运用起对齐有效的战略更是十分自如。比如，周朝的柱国韦孝宽在策略中就提出，除了犒赏将士，还可与陈的军队形成犄角，以阻挡齐国的攻势。另外，"可以分陈国的军队，让他们的军队协助我们阻挡齐军，我们可在万春（今河津县）屯田储粮，作为今后打仗的粮食基地。周国东南的陈国军队也是在攻打齐地的，这必定会让齐分兵防守，而齐边塞军队已经很少。我们可出一支奇兵，攻打齐的边镇，就是不能打败，也能浑水摸鱼。如果齐兴师动众，我们则坚壁清野，他们到我边境毕竟路途遥远，军粮耗费大，我们坚守不出，估计一两年后，齐兵必散。只要他们退兵，我们就立即出兵，这样下去齐军定疲于奔命。"韦孝宽的这个策略根本就是当年卢叔武的策略嘛。

遗憾的是，此时的齐国已经不是肃宗时代了。此时的齐国边镇松懈，军士训练荒废，按照韦孝宽的话说就是："齐君昏暴，政出多门，私狱横行，唯利是图，荒淫酒色，忌害忠良，这些坏事举不胜举，最终肯定死无葬身之地。"果如韦孝宽所言，公元577年，周彻底打败齐，统一了北方。

中国粮油书系第二卷之
粮战演义（上）——第四章

隋唐篇

Disizhang
Suitangpian

缺粮,突厥抗隋失败走向分裂

□ 王宝琦

公元583年,漠北大草原再次暴发瘟疫,牲畜大量死亡。突厥军中无食,只能"粉骨为粮",以致民间疾疫流行,军民死伤惨重。杨坚认为这是反击突厥的大好时机,于是出动20万军队,分8路进攻突厥。双方主力在白道川遭遇……

* * *

南北朝后期,漠北大草原出现了一个强盛的游牧民族国家——突厥汗国。史载:"东自辽海以西,西至西海(今咸海)万里,南自沙漠以北,北至北海(今贝加尔湖)五六千里皆属突厥。"

然而,统一强盛的突厥汗国只存在了30多年。公元581年,隋朝建立,突厥在与隋的对抗中迅速走向了分裂。研究历史,我们发现,突厥分裂的原因与粮食密不可分。

/ 中原粮食支撑突厥强盛 /

突厥属游牧民族,基本不种植粮食作物,食物主要依赖于自身牧养的牲畜——品种单一又难以储存。他们的粮食安全系数极低,一旦遭遇大范围瘟疫或灾害性天气,整个汗国的粮食保障就会出现严重问题。为了生存,这些游牧民族就会把目光投向富庶的中原,故而经常南下抢掠。

而南北朝时期，中原各方政权相互对立，争战不息，没有一方有实力与突厥相抗衡。打不过倒也罢了，中原内乱，各方肚子里还打着自己的小算盘：为了在相互攻伐中确保后方不被突厥侵扰，或者能够联合突厥进攻对方，都向突厥称臣纳贡，送上大量粮食和财物。突厥当然乐得坐收渔利，而且在欲望膨胀或对中原送来的贡品不满足时，还要主动南下，以抢掠的方式索取粮食。来自中原的粮食不仅提高了突厥应对灾荒的能力，而且使其得以维持对整个汗国的有效统治。可以毫不夸张地说，突厥的强盛是建立在中原的粮食基础之上的。

然而，突厥的好运在公元581年终结了。这一年，北周外戚杨坚夺权，建立大隋，是为隋文帝。隋朝建立时，中原及长江以北广大地区已经归于统一，社会稳定，经济发展。虽然江南有陈国分江而治，但陈后主迷恋舞文弄墨，对开疆扩土毫无兴趣。因此，隋朝没有后顾之忧，可以集中精力反制突厥的威胁。

/ 草原饥馑导致激烈冲突 /

突厥共有五大部落，其首领均称可汗，分别是沙钵略可汗、阿波可汗、处罗侯可汗、庵逻可汗和达头可汗。其中，沙钵略可汗为汗国最高首领，居于漠北草原。

公元580年，突厥境内暴发大饥荒，史载："去岁四时，竟无雨雪，川枯蝗暴，卉木烧尽，饥疫死亡，人畜相半。旧居之所，赤地无依。"面对饥荒，沙钵略可汗仍然像往年一样等待着中原主动送来粮食。但他一直等到第二年，也没有等来一粒米。沙钵略派人向杨坚索要，不想被一口回绝。沙钵略恼羞成怒，决定教训一下杨坚。

公元582年4月，沙钵略派遣小规模骑兵试探性地侵入隋鸡头山、河北山一带，均被隋军击退。5月，又发兵大规模入侵，"悉发五可汗控弦之士四十万入长城"。隋朝的乙弗泊、临洮、幽州、周槃等要塞皆被击破。突厥纵兵自木硖、石门两道入寇，武威、天水、金城、上郡、弘化、延安六郡的人畜财物被抢掠一空。不过，隋军的抵抗也非常顽强。隋行军总管达奚长儒率兵与沙钵略可汗等战于周槃，隋军2000人，突厥却有10万余众。达奚长儒且战且行,"散而复聚,四面抗拒,转斗三日,昼夜凡十四战,五兵咸尽,士卒以拳殴之,手皆骨见,杀伤万计"。长儒本人身受五伤,穿洞二处,战士死伤十有八九,突厥的伤亡则以万计。

此次大战,突厥虽然获胜,但遇到如此顽强的抵抗,锐气已经丧失,沙钵略只好率兵返回漠北。

公元583年,漠北大草原再次暴发瘟疫,牲畜大量死亡。突厥军中无食,只能"粉骨为粮",以致民间疾疫流行,军民死伤惨重。杨坚认为这是反击突厥的大好时机,于是出动20万军队,分8路进攻突厥。双方主力在白道川(今内蒙古呼和浩特西北)遭遇。沙钵略仍然轻视中原军队,认为隋军不敢主动进攻,因而放松了戒备。当天夜里,隋军主力对突厥军营发起猛烈偷袭。突厥兵败,沙钵略连自己的金甲都来不及穿,藏在齐腰深的草丛中才得以逃命。

/ 粮食不足,突厥走向分裂 /

白道川兵败后,沙钵略的最高首领地位受到了另一位部落首领——阿波可汗的挑战。这为隋朝实施外交战略提供了机会。大将长孙晟向杨坚提出了"远交而近攻,合弱而离强"的外交战略:利用突厥各部间的矛盾,结交、扶持那些偏远、弱小的部族,共同对付强大的敌人。杨坚完全采纳了长孙晟的建议。

长孙晟曾在北周时多次出使突厥,与五大可汗均有联络,能说突厥语,熟悉突厥的地理风俗,是一位地道的突厥通。他联络阿波,表示隋朝全力支持他成为突厥新的首领。得到了隋朝的许诺,阿波与沙钵略彻底决裂,突厥一分为二——以沙钵略为首的东突厥和以阿波为首的西突厥。从此,两个汗国内战不断。

公元584年,西突厥攻占了东突厥北方的大片草原。沙钵略被迫南迁,并主动寻求与隋朝和亲。杨坚对形势作了一番分析后,认为有必要扶持东突厥来抵御西突厥,于是同意了和亲。

沙钵略大喜,给杨坚上奏折言道:"皇帝是妇父,即是翁,此是女夫,即是儿例。两境虽殊,情义是一。今重迭亲旧,子子孙孙,乃至万世不断,上天为证，终不违负。"意思是说，隋朝皇帝是他的岳父，他是皇帝的女婿，愿意世世代代友好下去。杨坚回信说："既是沙钵略妇翁，今日看沙钵略共儿子不异。"从此，隋朝和突厥以翁婿相称。

此后，东、西突厥互有攻伐，势力此消彼长，隋朝则用离强合弱的策略坐收渔利，保持了边境的安宁。

一个强盛的突厥汗国在短短30多年后就分裂了，而且与中原政权的地位发生了转换。发生这一切的一个重要的原因，就在于它的粮食安全缺乏保障。一旦没有中原的粮食，维持统一汗国的基础就被极大地削弱，分裂也就不可避免。

粮足兵精，隋文帝一统天下

□ 王宝琦

在高颎的周密安排下，大量隋朝间谍潜入江南搞破坏。一时间，陈国各地粮仓纷纷起火，以致抢修不及，被一烧再烧。与此同时，每当江南的粮食即将收获时，隋军就在江北集结，大造声势，扬言要渡江南下。于是，陈国朝野震动，立即全国动员，组织防守。如是者三，陈国的农业被荒废，很多庄稼都烂在了田里。

* * *

公元581年，北周外戚杨坚夺权，建立隋朝，是为隋文帝。一坐上皇帝宝座，杨坚心中便燃起一统天下的熊熊烈火。经过一番农事、国力、军备的精心准备后，公元588年，杨坚这把火终于烧到了江南。陈国岌岌可危。

/ 粮足兵精 /

陈与隋隔江对峙。陈拥有长江以南广大地区，虽然陈后主胸无大志、昏庸无能，但陈的军事实力仍不容小觑：10万水军训练有素，曾多次战胜过北方军队。隋朝要战胜这样的强敌，就必须具备粮足兵精的绝对优势，只要一着不慎，就有可能重蹈当年淝水之战的覆辙。为此，杨坚进行了为期7年的精心准备。

首先，颁布均田令，授予老百姓土地，使其安居乐业，安心生产。

其次，减轻百姓负担。农民18岁即可受田，到21岁才开始纳税，等于免税3年；缴纳的丝织品从4丈减至2丈；服劳役的时间从30天减少至20天。

再次，增加粮食储备。设立黎阳仓（在今河南三门峡市浚县）、常平仓（在今河南陕州区）和广通仓（在今陕西华县），三大粮仓储备雄厚，灾年赈灾，战时应战。

最后，实行府兵制。隋朝以前，士兵都属于职业军人，脱离生产，享有世袭特权，很容易形成私家武装，威胁中央统治。杨坚给士兵授予田地，使其平时从事粮食生产，农闲进行军事训练，战时接受统一征调，寓兵于农，军民合一，这样既促进了粮食生产又保证了军事需要。

通过一系列行之有效的措施，隋朝的国力日渐提升，已经粮足兵精，完全有实力对陈国发动一场大规模战争了。但杨坚仍觉得不踏实：作战讲的是知己知彼，最好给陈国来个釜底抽薪，破坏它的粮食生产，削弱它的粮食储备，这样打起仗来才能百战百胜。

/ 釜底抽薪 /

谋臣高颎高调登场。他这样给杨坚出主意："陈国统治腐朽，各级官吏只知中饱私囊，并且江南的粮食不像我们北方储藏在地窖中，而是囤积于用茅、竹修建的仓库里，很容易遭受火患。我们可以派出密探，携重金打通关节，潜入陈的军营、官府，放火烧毁其储备的粮食。"杨坚对此表示认可。于是，在高颎的周密安排下，大量隋朝间谍潜入江南搞破坏。一时间，陈国各地的粮仓纷纷起火，以致抢修不及，被一烧再烧。

陈国的粮食储备被毁，国力已经大减，但高颎还有更厉害的一招。江南气候温暖，庄稼可以一年三熟。每当江南的粮食即将收获时，隋军就在江北集结，大造声势，扬言要渡江南下。于是，陈国朝野震动，立即全国动员，组织防守。如是者三，陈国的农业被荒废，很多庄稼都烂在了田里。

这些情报都在杨坚的掌握之中。他明白，进攻江南的时机成熟了。

一举灭陈

公元588年8月,杨坚在长江沿岸集结51.8万军队,分兵8路,上游由秦王杨俊和清河公杨素指挥,下游由晋王杨广和谋臣高颎统领,准备渡江南下,一举灭陈。

面对隋大军压境,浪漫的陈后主依然沉浸在一片歌舞酒色之中,对前线形势一概不闻不问。但陈国也不乏有识之士,荆州刺史陈慧纪在长江上游沿江布置了5道防线。为了进行持久防御,他多次请求建康(陈的都城,今南京)支援粮草。但陈已经国库空虚,无粮可调。

11月,杨俊指挥隋军首先从上游发起进攻,陈军防线很快被突破。陈慧纪见大势已去,便率领3万水军,乘楼船1000余艘,顺江东下,企图入援建康,但在汉口(今汉江入长江处)遭到隋朝水军的阻截。面对隋朝庞大舰船的包围,陈慧纪的小船根本没有战斗力,既不能东下,也不能靠岸,携带的粮食用尽,被迫投降了隋军。

次年正月初一,杨广统领下游的隋军渡过长江,迅速包围了建康。陈后主慌作一团。有人建议据城固守,等待援军,然后内外夹攻,击退隋军。

但建康城内储备的粮食不足,根本支撑不了那么长时间。最后,陈后主决定孤注一掷,命大将萧摩诃等5位将领率10万守军出城决战。陈军没有统一号令,也无背城一战的决心,在城外白土岗列成20里一字长蛇阵拒敌。隋军数次进攻后,陈军全线溃退。

隋军攻入建康,陈后主被俘。

平定江南

陈国宣告灭亡,但江南远未平定,原来的贵族、官僚、地主、豪强以及异族酋长纷纷起兵叛乱,声称要为陈国报仇。他们聚众上千乃至数万,攻陷州县,杀害官吏,声势浩大,国家面临再次分裂的危险。

面对这种局面,杨坚使用两手策略,一是用重兵平叛,二是坚定地推行均田制。

江南属于典型的士族政权，地主豪强大量侵占土地，逼迫老百姓为其种地纳粮。一年到头，地主豪强们个个儿仓满屯肥，老百姓却食不果腹，只能沦为富人的奴仆。地主豪强有了粮食，就聚揽民众，建立私家武装，左右国家政局。杨坚坚决打击士族统治，把土地重新归还给百姓。老百姓有了土地，就可以养家糊口，谁还愿意提着脑袋跟着士族叛乱造反？于是隋朝很快就打败了各地的叛军，江南得以彻底平定。

粮运艰难，隋百万远征军兵败辽东

□ 王宝琦

杨广虽然给了于仲文和宇文述一支数量可观的军队，却没有为其配备后勤部队。当这支没有后勤补给的远征军行进至萨水（今清川江）西岸时，驻守平壤的高句丽军统帅乙支文德突然来到了于仲文的军中，佯装和谈……

* * *

隋炀帝杨广派军远征高句丽，军队规模达113.38万，创古今中外之最。但令人匪夷所思的是，如此庞大的隋军竟然败给了人口和土地都不及中原一郡的高句丽。回顾历史，我们发现，隋军并非败于敌人，而是败于自身漫长而庞大的粮食运输线。

/ 杨广为何征高句丽 /

要说杨广为何派军征高句丽，得从高句丽的历史说起。

周武王分封诸侯，把商朝末代王孙胥余封到了朝鲜半岛。东周时期，燕国人卫满推翻了胥余后裔的统治，建立了卫氏朝鲜。西汉时期，汉武帝派兵讨平朝鲜，在半岛北部设立了汉朝四郡，一直延续到西晋建立。南北朝内乱，中原王朝无力顾及那里，于是高句丽在朝鲜半岛北部和辽东半岛上兴起。隋朝建立之后，高句丽国王高汤接受隋文帝杨坚的册封，成为隋朝的藩属国。

公元588年，高汤去世，其子高元继承王位。高元没有延续他父亲的外交政策，继位没几天就联合靺鞨军数万人攻打隋朝的辽西。这是高句丽首次主动进攻隋朝。

杨坚当然不容忍高句丽的挑衅，派他的小儿子杨谅统率30万大军讨伐。但隋军的这次远征却因连绵阴雨，军粮无法到达前线而以惨败收场。尽管事后高元给杨坚上表谢罪，杨坚也表示不再追究，但高句丽从此不再向隋朝进贡。

公元607年8月，大隋第二任皇帝杨广北巡，在东突厥境内会盟塞外诸国。参加会盟的各国国王或使节达30余位，唯独高句丽缺席。然而在会盟期间，高元却派使者暗访东突厥。东突厥可汗怕杨广怪罪，遂将此事告诉了杨广。杨广听后非常生气，当着各国国王和使节的面对高句丽使者说："你可转告高元，尽早来朝。如有不臣之心，朕当亲率大军讨伐，即刻诛灭。"高元根本不把杨广的话当回事，仍然拒绝进贡。杨广终于忍无可忍，决定远征高句丽。

/ 百万隋军的粮食保障 /

公元612年，杨广诏令全国百万兵马齐聚涿郡（今北京）。2月，其亲自督帅军队出征，全军分24路向高句丽进发，首尾相接长达千里。事过400年后，宋代司马光在编撰《资治通鉴》时惊叹："近古出师之盛，未之有也。"然而，雄壮的大军背后是巨大的隐患——百万军团的粮食安全难以保障。

隋军的粮食运输分为两步：首先将全国各处的粮食集结于涿郡，然后从涿郡分水旱两路运往辽东前线。全国动员的运粮民夫多达300万以上，其中60多万民夫以手推车运粮：两人推1车，每车载米3石（约合现在360斤）。由于路途遥远崎岖，运粮速度极其缓慢，未到目的地，粮食已被运粮民夫自己吃得所剩无几。任务完不成，就要被治罪，于是民夫们干脆逃亡。但逃跑成功的只是一部分人，很多民夫被活活累死在通往辽东的道路上，尸体无人掩埋，以致白骨遮道。是年，黄河泛滥，水淹30余郡，大批百姓成为难民。

一支没有后勤补给的远征军

隋军到达前线后，首先对辽东城（今沈阳）发起进攻。但是杨广在战略上犯了一个严重的错误：他下令如果高句丽声称投降，隋军则要立即停止进攻。

这个错误被高句丽利用。每当城池将破时，高句丽人就挑出白旗，高喊投降，于是隋军停止攻城。高句丽人则利用这个间隙加紧布防，然后又拒绝投降，如此反复再三。因而时过两个多月，辽东城仍然无法攻克。这时，隋军的粮食运输线已经变得相当脆弱，粮食开始短缺。

杨广决定改变计划：以大部分军队继续围困辽东城，另外分出30多万人马，交由大将于仲文、宇文述统领，直取高句丽都城平壤：这是擒贼擒王之策，远征高句丽成败在此一举。

杨广虽然给了于仲文和宇文述一支数量可观的军队，却没有为其配备后勤部队，于仲文的军粮运输问题得自行解决，全军携带100天军粮，平均每名士兵负重达3石以上！这么多的粮食，没人背得动，更别说行军打仗了。于仲文将10万骑兵改为步兵，用战马驮运粮食，但加上刀枪、铠甲、攻城器械和其他辎重，士兵的负担仍很沉重。到了夜晚，士兵们就偷偷挖坑将背不动的粮食埋掉。当行进至萨水（今清川江）西岸时，隋军开始缺粮。

这时，驻守平壤的高句丽军统帅乙支文德突然来到了于仲文的军中，欲与隋朝和谈。于仲文立即停止进军，派人回辽东请旨。在此期间，待在隋营里的乙支文德把隋军的情况摸得一清二楚之后，在一天夜里乘机逃走了。于仲文急忙找来宇文述商议。宇文述说："我们率领几十万军队出征，经过一个多月而没有任何功绩，现在乙支文德逃走，我们肯定没法向皇帝交差。我认为应该立即追击乙支文德。"于是，隋军连夜渡过萨水进兵。

刚渡过萨水，隋军便遇到了高句丽守军的抵抗。但这次隋军的进攻却出奇的顺利，一日七战七捷，很快就推进到距离平壤30里处。

隋军粮尽兵败辽东

乙支文德投降是假，诱敌深入是真。他早已将平壤周围方圆百里的百姓和粮食全部迁入城中，城外连一粒粮食也没留下。隋军粮尽，已无力再战；想要退兵，没有杨广的命令，又不敢擅自行动。正在隋军进退两难之际，乙支文德再次使出了诈降计：派人送来了高元亲笔书写的降表。接到这份降表，于仲文如获至宝，立即组织退兵。

乙支文德亲率高句丽精兵在隋军后面偷偷跟随。当隋军退到萨水东岸时，士兵已是饥饿难忍，归心似箭，人人争相渡水，军队大乱。乙支文德见时机已到，指挥高句丽军从后冲杀。隋军无心应战，四散逃命，死伤无数，30多万人马只剩2700人回到辽东城下。此时，杨广统领的隋军主力已经断粮，每天都有大量士兵饿死。杨广万般无奈，只好带着巨大的遗憾和残兵败将返回了洛阳。

此次远征之后，杨广又在两年之内对高句丽发动了两次毫无结果的远征。沉重的战争负担使隋朝国内田地荒芜，百姓流离，社会矛盾激化，民众揭竿而起。几年之后，曾经强盛一时的大隋王朝便在农民起义的浪潮中退出了历史舞台。

断粮谋反,杨玄感一意孤行全军覆没

□ 王宝琦

杨玄感一听弘农宫有粮食,不觉两眼放光。李密赶忙对杨玄感说:"长安守军正在调兵布防,杨广大军也在星夜追赶。兵贵神速,万万不可在此耽搁。"杨玄感被饥民戴了高帽子,一股解民于倒悬的崇高责任感油然而生。更重要的是,弘农宫里有粮食……

* * *

第一次远征高句丽失败后,杨广于公元613年发动了第二次对高句丽的战争。礼部尚书杨玄感驻守黎阳,负责为杨广督运军粮。

杨广两次发动大规模战争,征发民夫无数,导致田地荒芜,百姓纷纷起义。杨玄感认为杨广已经失去民心,于是密谋发动兵变。

/ 牛角挂书 /

杨玄感发动兵变,离不开一个重要的谋士,此人就是牛角挂书的李密。李密曾经做过殿前侍卫。杨广见其气度不凡,就对身边的大臣说:"这个年轻人很不寻常。"皇帝也许是随口说说,但李密是认真的,于是李密开始自我推销。他将一套《汉书》装入布袋,挂在牛角上,独自骑着黄牛,一手执缰,一手捧书阅读,故意在当朝第一权臣杨素上下班必经之地缓缓而行。这一招还真灵。杨素把李密请来交谈,发现他见识过人、谋略出众,就将其介绍给自己的儿子杨玄感,并叮嘱说:"李密的才能在你之上,你要好好向他学习。"杨玄感遂与其结为刎颈之交。有一次,杨玄感推心置腹地问李密:"如果将来有成就大业的机会,你我谁会首先成功呢?"李密毫不隐晦地说:"临阵杀敌,冲锋陷阵,我不如你;招贤纳士,决胜千里,你不如我。"在杨玄感眼中,李密确有济世之才。

杨玄感密谋起兵时,李密正在长安。于是杨玄感派人将李密火速请到黎阳,共谋大事。

反隋三策

李密一见到杨玄感就急忙说:"各地百姓纷纷起义,但天下未乱。将军现在起兵,时机未到啊。"杨玄感说:"我屡次不发军粮,杨广已经知道我要谋反。现在如不起兵,等到他班师回来,我的性命就保不住了。"李密说:"既然如此,我有上中下三策供你选择。如今天子远在高句丽,南有大海阻隔,北有突厥虎视,中间只有涿郡(今北京)与中原相通。涿郡是天子东征的据点,备有充足的粮食。我军可直取涿郡,扼守杨广退路。杨广的军队没有粮食,与我军相持不过10日,他的士兵就会自行前来投降。此为上策。"杨玄感想了一下,问中策是什么。

李密说:"关中平原,四面险要,沃野千里,粮食充足。如今隋军主力全在辽东前线,我军可轻装挺进,一举攻下长安。等到天子回军,都城已失,士气必然受挫。而我军据守险要,以逸待劳,必能取得成功。此为中策。"杨玄感又问下策。

李密说:"就近攻取东都洛阳,但洛阳城池坚固,兵精粮足,我军短期难下。等到天子回军增援,胜负难以预料。是为下策。"杨玄感说:"你的下策正是我的上策,原因有二:首先,洛阳城外有天下第一粮仓——兴洛仓,这正是我起兵的资本;其次,天子的嫔妃、王公大臣的家属全在这里,拿下洛阳,正可使杨广心惊胆寒,展我军威。"

/ 黎阳起兵 /

杨玄感在黎阳开仓放粮,对前来投靠的饥民说:"杨广无道,倒行逆施,成千上万的百姓死于辽东战场。现在,我不求富贵,冒着被灭族的危险起兵,目的只有一个,就是拯救天下苍生。你们愿不愿意跟着我干?"民众备受鼓舞,个个摩拳擦掌,很快就聚集了3万多人。

杨玄感率领3万灾民进攻洛阳。说也奇怪,这支由灾民组成的队伍战斗力超强,竟把驻守洛阳的正规军打得落花流水,使其退入城内不敢出战。杨玄感夺取洛阳城外的兴洛仓,开仓赈济,招募灾民,军队迅速扩大到10万之众。

却说杨广在辽东大战高句丽,多日不见军粮运到,派人责问杨玄感。派去的人回报说杨玄感已反。杨广大吃一惊:眼看高句丽都城就要被攻破,杨玄感却断粮谋反,军队无粮,自然难以持久;就算攻下城池,隋朝百万大军也难以在高句丽找到充足的粮食。望着即将到手的高句丽都城,杨广把牙一咬:"还是后方要紧,退兵吧!"

/ 阌乡兵败 /

杨玄感围困洛阳,久攻不下,又听说杨广的军队即将返回,不得已放弃洛阳,率兵西进长安。

杨玄感和李密带兵路过弘农宫(今河南陕县)时,大批的饥民跪在马前挡住去路。饥民们拉着杨玄感的马缰绳说:"将军是拯救万民的大英雄,我们已经好几天没有吃东西了,请您救救我们吧。"杨玄感说:"我军轻装西进,未带足够的粮食啊。"饥民们说:"弘农宫里储备着大量的军粮,且守备空虚。请将军拿下弘农。只要能吃饱肚子,我们愿意跟着您打天下。"杨玄感一听弘农宫有粮食,不觉两眼放光。李密赶忙对杨玄感说:"长安守军正在调兵布防,杨广大军也在星夜追赶。兵贵神速,万万不可在此耽搁。"杨玄感被饥民戴了高帽子,一股解民于倒悬的崇高责任感油然而生。更重要的是,弘农宫里有粮食,打下它就可以招募更多的军队,军队可是革命的本钱啊。杨玄感不听李密苦苦相劝,开始攻打弘农。谁知弘农守军顽强得出乎意料,杨玄感一连三日都无法攻克,于是他带兵继续西进。

但是杨玄感浪费的时间太多了。当他率军走到阌乡(今河南灵宝)时,遇到了来自长安的守军。两军排开阵式,正要厮杀,杨广的追兵又从后面赶到。在隋军前后围攻下,杨玄感全军覆没,最后他选择了自杀。

李密则乘乱从小路逃走,亡命天涯。

占三大粮仓，瓦岗军成反隋劲旅

□ 王宝琦

张须陀死后，瓦岗军很快攻下荥阳、虎牢关等要塞，一举夺取兴洛仓，然后开仓放粮，赈济灾民。四面八方的百姓推车挑担，络绎不绝地涌向仓城。饥民手里捻着雪白的米谷，脸上挂满喜悦的泪花……

* * *

隋朝末年，天下大乱，农民起义遍地暴发。瓦岗军夺取隋朝最大的3座粮仓后，迅速发展成为势力最大的一支反隋劲旅。

/ 翟让揭竿瓦岗寨 /

杨广之所以会激起全国反抗，主要有3点原因。一是奢侈无度。以巡幸江都为例，皇家船队长达200多里，随同人员超过20万，并要求沿途地方官献上美食和珍宝。杨广满意的，就得到提升；不满的，则会受到处罚。由于各地官员争相搜刮百姓，导致官场贪腐盛行。二是大兴土木。除营建富丽堂皇的东都洛阳和西苑外，还开凿了工程浩大的大运河，征发百姓无数，天下为之震动。三是连续3次发动对高句丽的大规模远征，给百姓带来深重灾难。据史书统计，杨广在位14年，征发百姓不下1000万人次，仅3次远征高句丽所涉人口就达500万！而当时全国总人口只有5000万。百姓被无休止地重复征发，男丁不足就征妇女。无数的人死于徭役和战争，以致田地荒芜、百姓逃亡、饿殍遍野、天怒人怨。

公元616年，杨广又要在全国征兵，准备第四次发动对高句丽的远征。

翟让当时是东郡（今河南滑县）衙门里一个掌管刑狱的小公务员，也在本次征兵之列。翟让在瓦岗寨（今河南滑县瓦岗寨乡）召集民众，历数杨广的种种恶行，最后说："等待我们的不是战死、累死，就是饿死，横竖都是一死。现在只有造反，或许还有一丝活路。是好汉的就跟我干！"大家群情激愤，冲入官府，杀了贪官，开仓赈粮，招募军队，史称"瓦岗起义"。

/ 遭遇克星张须陀 /

时有离狐（今山东东明县东南）人徐茂公带着一批青年投奔了瓦岗军。他向翟让献计说："义军发展的这样快，吃用是目前的大问题。瓦岗南面不远就是通济渠，是朝廷南北水运的枢纽。我们可以前往截取官府的运粮船只，这是解决队伍供给的最好办法。"翟让采纳了徐茂公的建议，在通济渠上今郑州至商丘一线，杀死了大批贪官污吏，缴获了大量粮食。瓦岗军缴获的粮食，除当时食用外，还有大量剩余，于是在瓦岗寨的东北角设立济贫处，向灾民分发食物，招募士兵，很快就拉起了上万人的队伍。

瓦岗军的活动引起了朝廷的重视，杨广派名将张须陀领兵镇压。张须陀有勇有谋，带领的军队很有战斗力。瓦岗军与其较量30多场，几乎无一取胜。瓦岗军的号召力来自于粮食，老百姓听说跟着瓦岗军就不会饿肚子，于是从四面八方赶来参加义军。如今遇到张须陀这个克星，就很难再从官府手中抢到粮食。没有粮食，军队就难以发展壮大，瓦岗军面临着起义以来最大的困境。

这时，朝廷逃犯李密加入了瓦岗军。他对翟让说："瓦岗军之所以不能壮大，根本问题在于粮食不足。"翟让点点头："先生一语中的，令人佩服！"李密接着说："目前瓦岗军筹集粮食的唯一途径是四处去抢，但天下很乱，庄稼荒芜，各地都闹粮荒，这样抢又能抢到多少？长此以往，我军难以自保。"翟让忙问："依先生高见，应当如何？"李密说："洛阳城东的兴洛仓存粮3000窖，合计2400万石，可供100万人吃用8年。粮仓周围筑有方圆20余里的仓城，北濒黄河，西临洛水，南有石子河和黑石关，东有起伏的山脉，距虎牢关不足百里，地势十分险要，是兵家必争之地。如果我们将其攻下，既可以解决军队的补给问题，又可以作为下一步发展的根据地。如此，瓦岗军何愁不能壮大？"听完此话，翟让和瓦岗诸将茅塞顿开，备受鼓舞，与李密歃血为盟，准备夺取兴洛仓。

/ 李密据粮兴瓦岗 /

公元617年，黄河下游遭受水灾，但官府紧闭仓门，拒绝赈济。河北、河南、山东一带百姓衣食无着，居无定所，以致"千里无所见，白骨遮平原"，粮食问题成了天下百姓生死攸关的最大问题。为了拯救百姓，也为了解决自身给养，这一年，瓦岗军决定西征，夺取天下第一仓——兴洛仓。

当进军至荥阳时，瓦岗军又遇到了老对手张须陀。翟让谁都不怕，就怕此人，不觉失去了信心。李密鼓励众将说："须陀虽然勇猛，但骄傲轻敌。骄兵必败，不足为虑。"李密亲率瓦岗军主力埋伏在城外的树林内，让翟让带兵前去挑战。张须陀向来轻视瓦岗军，被翟让诱入了埋伏圈。本来张须陀凭借自身的勇猛完全可以逃脱，但此人十分爱惜部下。当他杀出重围时，发现手下将士没有跟出来，于是又杀入重围解救将士。如是者三，最终其寡不敌众，被徐茂公斩于阵中。

张须陀死后，隋朝已无领兵之将。瓦岗军很快就攻下了荥阳、虎牢关等要塞，一举夺取了兴洛仓，然后开仓放粮，赈济灾民。四面八方的百姓推车挑担，络绎不绝地涌向仓城。饥民手里捻着雪白的米谷，脸上挂满喜悦的泪花，家家户户粮食满缸，争相送子参加义军。其他地区的起义队伍也纷纷前来投靠，一大批重量级人物，如祖君彦、魏征、徐茂公、秦琼、单雄信、程咬金、裴仁基、王伯当等，几乎隋唐英雄的一半都聚集在瓦岗军阵营。

接着，李密又带领瓦岗军攻占了隋朝的另外两座大粮仓——回洛仓和黎阳仓。凭借三大粮仓，瓦岗军迅速发展到几十万人，占领洛阳以东广大地区，成为全国最强大的一支反隋劲旅。

宇文化及缺粮少谋兵败黎阳

□ 王宝琦

为了保证黎阳仓的安全，徐茂公决定暂避宇文化及的锋芒，放弃黎阳城，退守仓城，并在城外挖掘沟壕，一面据城固守，一面派人飞报李密。对于宇文化及的进犯，李密非常恼怒，遂率2万瓦岗军进驻于黎阳西南的清淇……

* * *

公元618年，中原已被李密、李渊、窦建德等各路起义军闹得乱成了一片，隋炀帝杨广待在江都（今扬州）无心北归。杨广带到江都的10万御林军全是北方人，见杨广已无北归之意，遂生怨恨之心。右屯卫大将军宇文化及利用这一点发动叛乱，杀了杨广，准备带兵北上，返回都城长安。

/ 缺粮草进攻黎阳 /

兵变之前，江都已经缺粮，宇文化及匆忙率军北上。这支军队是一支着实的流寇。10万士兵每天都要吃饭，粮食从哪里来？对此，宇文化及只有一个字——"抢"。沿途的百姓、地主、官府，甚至农民起义军，无不受其害。

当宇文化及率领10万虎狼之师一路抢掠到巩洛（今河南巩义市）时，才发现中原的形势已经发生了巨变：都城长安不久前已被李渊占领，东都洛阳正陷入瓦岗军的重重包围，黄河以北则成了窦建德的势力范围。长安回不成，东都去不了，先别说军队的前途如何，眼下这10万士兵的粮食补给就成问题。虽然天下第一仓——兴洛仓离此不远，但兴洛仓早已落在瓦岗军的手中。这年头，有粮食就有军队，说不定哪天瓦岗军首领李密站在兴洛仓前把手一招，自己的10万军队顷刻就属于别人了。

宇文化及决定继续北上，前往反隋势力相对薄弱的东郡（今河南滑县）发展。东郡太守王轨知道自己实力太弱，不是宇文化及的对手，便举城投降。宇文化及在东郡住下后，派军队四处抢掠，老百姓苦不堪言。

王轨想让宇文化及带着军队早日离开。一日，他对宇文化及说："东郡是一个小地方，这里的粮食根本供不起将军的10万军队。黎阳仓就在我们的北边，离此不远，储藏着丰富的粮食，将军不妨取之？"宇文化及把眼珠子一瞪："你以为我不知黎阳有粮食啊？黎阳在瓦岗军控制之下，你让我怎样夺取？"王轨不紧不慢地说："瓦岗军虽然势大，但其主力正在围攻东都洛阳，镇守黎阳的徐茂公手下只有区区几千人马，将军取黎阳岂不是探囊取物？拿下黎阳，将军就有了粮食保障，即使李密回军夺取，将军有10万精兵，他又能将你怎样？如果弃黎阳不取，那将军的粮食供应就只能靠抢。而现在天下大乱，田地荒芜，各地都缺粮食，又能抢到多少？吃不饱肚子，士兵就会逃跑，长此下去会是什么结果，将军一想便知。"宇文化及被王轨说动了，决定夺取黎阳仓。

/ 进童山对阵瓦岗 /

黎阳仓位于黎阳城外的童山脚下（在今河南浚县），粮仓外围筑有方圆数里的城墙，称为仓城，用于驻军守卫。为了保证黎阳仓的安全，徐茂公决定暂避宇文化及的锋芒，放弃黎阳城，退守仓城，并在城外挖掘沟壕，一面据城固守，一面派人飞报李密。

对于宇文化及的进犯，李密非常恼怒，遂率2万瓦岗军进驻于黎阳西南的清淇（今河南淇县），与徐茂公形成掎角之势。宇文化及军中缺粮，急于和瓦岗军决战，而李密和徐茂公都采取坚守不出的策略。当宇文化及进攻黎阳仓城时，徐茂公就在城头燃放狼烟，李密则率军袭扰宇文化及营寨，使其首尾难以相顾。双方在童山脚下形成了相持局面。

宇文化及也许是饿昏了头，硬抢瓦岗军的粮食不成，竟开始异想天开地向李密讨要。

他派人给李密送来一封信："李老弟呀，在下对您的威名仰慕已久，实不敢有冒犯之意。只因我军少粮，不得已才误入您的地盘。其实你我的目标是一致的，都是为了推翻杨广，又何必自相残杀呢？如能合兵一处，先取洛阳，后攻长安，将来共治天下，岂不更好？"李密将宇文化及的信传示众将。

有人说："宇文化及拥兵10万，实力不可小觑。不如送其军粮，放他西去和长安的李渊互拼，我们则可坐收渔利。"有人反驳说："宇文化及反复无常，毫无信义。不如将计就计，与其拖延，待他粮食用尽之后，不用我们攻打，其军队就会自行瓦解。"李密采纳后一种建议，给宇文化及回信："宇文老兄啊，您在江都干掉了杨广这个暴君，能和您这样的大英雄结成同盟，我甚感荣幸。至于粮食嘛，小弟这儿多得是，请放心，过两天就给您送10万石过去。"宇文化及还真就相信了李密的话，于是传令全军放开肚子吃喝。没过几天，粮食就快吃完了。宇文化及派人向李密催粮。李密回信说："哎呀，最近很忙啊，再等两天吧。"宇文化及见信惊叫："等两天！你能等，我可等不起呀！督粮官，我军的粮食还够吃几天？""回将军，只够明天早上再吃一顿了。""啊？派人再催！"恰在此时，瓦岗军将领因犯错被罚，一怒之下投降了宇文化及。李密的计划被全盘泄露。宇文化及差点被气晕过去，立即传令三军："明日早餐后发起总攻，有活捉李密者，赏白银——不——赏白米1万石！"

/ 少计谋兵败身亡 /

次日，宇文化及指挥全军向李密的大本营发起猛攻。李密指挥军队全力迎击。混战中，李密被流箭射中，跌落马下。危急时刻，秦琼飞马赶到，奋力救出，然后组织人马再次发起反击。正当两军杀得天昏地暗、难解难分之时，宇文化及的大本营却着火了。原来是黎阳仓城的徐茂公领兵从其后方杀入，在营中放起大火。宇文化及无心再战，全军溃败。

黎阳兵败后，宇文化及领着残兵逃入汲郡，将当地官员和百姓抓起来严刑拷打，索要粮食。他手下的将领陈智略、樊子盖、张童儿等见其已到了穷途末路，遂率本部人马投降了李密。

　　宇文化及在河南无法立足，又闯入河北起义军窦建德的地盘，不久即被窦建德擒杀。

瓦岗军：成也粮食，败也粮食

□ 王宝琦

李密率领瓦岗军占领兴洛仓后，各地义军纷纷归附，今河南、河北、山东以及江淮以北的广大地区尽归瓦岗，军队号称百万，势力达到极盛，就连长安的李渊也接受李密的统一领导。然而，所有的大好形势又随着兴洛仓的失守一夜间化为乌有。

* * *

瓦岗军的兴衰成败与粮食息息相关。

李密率领瓦岗军占领兴洛仓后，各地义军纷纷归附，今河南、河北、山东以及江淮以北的广大地区尽归瓦岗，军队号称百万，势力达到极盛，就连长安的李渊也接受李密的统一领导。

然而，所有的大好形势又随着兴洛仓的失守一夜间化为乌有。

/ 瓦岗军粮食浪费严重 /

公元617年2月，河南春荒，粮价飞涨到每斗数百钱，每天饿死的人多达上万。李密与翟让率精兵7000袭取天下第一仓——兴洛仓，各地百姓纷纷前来投靠，军队迅速扩充到数10万。

但瓦岗军对粮食缺乏管理，仓库无人看守，对取粮的人不加任何限制，听凭取用。有的人取粮太多，无法搬走，就随意丢弃，从仓城到城郭大门，路上的粮食被车碾碎,厚达数寸。

百姓没有容器,用箩筐淘米,洛水两岸到处是淘洗时遗漏的粟米,看上去像一层白沙。

元帅府参军贾闰甫对此深感忧虑,建议对民众取粮予以限制。李密却说:"这正是粮食富足的景象,为什么要限制啊?"贾闰甫回答:"国以民为本,民以食为天。大家之所以归附我们,是因为我们掌握着粮食。现在对粮食却不加珍惜,一旦粮尽兵散,您的大业将难以成功!"李密不以为然。

/ 王世充以帛易粮 /

公元618年7月,瓦岗军在童山打败了宇文化及。打了胜仗,就得赏赐部下,但由于瓦岗军占领的地方都是一些小城市,财物非常匮乏,李密对将士们的奖励很是微薄,甚至到了寒酸的地步。尤其瓦岗军缺少衣物,将士们大口吃肉,大碗喝酒,却衣着破旧。大家对此多有抱怨,李密也无可奈何。

而陷入瓦岗军重重包围的洛阳城内情况却恰恰相反。洛阳是隋炀帝建立的东都,高官显贵富商巨贾云集,金银财宝布帛丝绸不计其数,但粮食却异常短缺。1斗米的价格飙升至八九万钱,城内饿死的人多达两成以上。士兵们饿得受不了,就偷偷出城投降瓦岗军,每天逃跑的人多达数百。城内驻守的王世充对此焦灼万分:再这样下去,自己就成光杆司令了。

在王世充最困难的时刻,挽救他的却是瓦岗军的粮食。王世充探听到瓦岗军缺少衣物以致将士多有抱怨,不觉眼前一亮,何不与李密互通有无呢?很快他自己就否定了这个天真的想法:如果天下太平,这种交易,双方肯定都求之不得,可现在是两军对垒,李密怎么可能把粮食送给自己的敌人呢?但王世充已经没有退路,哪怕只有一线希望,也得试一试。王世充重金收买了李密的长史邴元真,邴元真成天跟在李密身边讲述交易的好处。

李密架不住将士们的抱怨,更架不住邴元真的蛊惑,最终答应了交易。然而,很快他又后悔了,因为他再也看不到来自洛阳的降兵了。

然而，就这一点粮食，王世充已经得救了，他的军队得救了，整个洛阳得救了。王世充明白，这样的机会不会再有第二次，哪怕他把洛阳城内所有的财物都送给李密，也别想再得到一粒粮食。要想活下去，就得夺回兴洛仓。

两大枭雄的殊死之搏即将上演。

/ 李密决策失误 /

兴洛仓位于洛阳以东100里，中途有一座偃师城（今偃师市）。偃师北靠邙山，南临运河，位置十分重要。王世充欲取兴洛，得先拿下偃师。

王世充精选2万勇士、2000战马，东出洛阳，在运河南岸扎下营寨，在河上建造浮桥3座，准备对偃师发起进攻。

接到战报，李密紧急召开高级军事会议。裴仁基、魏征等人说："王世充倾巢而出，洛阳一定空虚，可派一支军队轻袭洛阳。如果王世充返回，我军则按兵不动；如果他再次出动，我军又再袭洛阳。如此再三，王世充将疲于奔命，我军则以逸待劳，攻陷洛阳指日可待。"然而，单雄信、陈智略、樊文超等一班武将却执意要战，声称王世充向来都是瓦岗军的手下败将，不足挂齿。

最终，主战派占据了上风。李密难违众议，决定出战。裴仁基、魏征等苦苦相劝，但无济于事。

/ 兴洛失守瓦岗覆灭 /

李密留邴元真守卫兴洛，派单雄信进驻偃师，亲率主力在邙山南麓扎营，准备与王世充决战。

9月21日夜，王世充派出300余名精锐骑兵潜伏于邙山山涧之中。

次日凌晨，王世充下令全军饱餐一顿，喂足战马，对将士们说："今日之战，不仅是国家之战，更是生存之战！胜则尽享荣华富贵，败则死无葬身之地。希望各位互相勉励，奋勇杀敌！"大战开始，王世充的军队如暴发的山洪扑向瓦岗军。瓦岗军向来轻视王世充，准备并不充分，见敌军如此凶猛，在气势上已经输了一筹。

王世充事先准备了一个和李密长相相似的士兵，在两军杀得难解难分之时，捆着假李密在战阵中飞驰大喊："李密被擒——李密被擒——"瓦岗军见主帅被捉，无心应战；王世充的军队则士气倍增，愈战愈勇。

这时，埋伏在邙山山涧中的骑兵突然冲下山来，从后攻击瓦岗军。李密难以支撑，连忙派人向单雄信求援。谁知单雄信拥兵自保，拒绝增援。

李密见败局已定，率军急回兴洛。当李密到达兴洛时，邴元真已献仓投降。而单雄信、陈智略、樊文超、裴仁基等人也在邙山兵败后投降了王世充。李密走投无路，只好率众投奔了长安的李渊。

瓦岗军的辉煌有如黄粱一梦，就此终结。

平陇右，李唐大做耗粮文章

□ 王宝琦

李世民认为，秦军后方遥远，补给线漫长，军粮供应困难；唐军身后就是根据地，不用为粮食担心，可以逸待劳，长期相持，消耗敌军力量。于是，他下令军队加高壁垒，挖深壕沟，挂起免战牌。但关键时刻，李世民却得了疟疾……

* * *

李渊在长安称帝建立大唐之时，各路枭雄拥兵自重，对长安虎视眈眈。尤其是薛举，雄霸陇右（六盘山以西地区），号称30万雄兵，挥师西向，攻城略地，对李唐政权威胁最大。

/ 赈粮起家，薛举称霸陇右 /

薛举本是河东汾阳（今山西省万荣）人，随父迁居金城（今兰州）后，成为富甲一方的土豪。他大散钱财，结交官府，当上了金城府校尉。

公元617年，陇右大旱，饥民遍野，隋廷赈济不力，致使百姓暴动。金城令郝瑗招募军队千人，命薛举带领平叛。

薛举早有反心，与其子薛仁杲等13名亲信合谋，趁机劫持郝瑗，然后开仓赈粮，广招人马。陇右盗首宗罗睺、羌族酋长钟利俗等率众数万来降。薛举拥兵13万，自称"西秦霸王"。薛举分兵略地，取西平（今西宁）、浇河（今青海贵德）、天水诸郡，尽收陇右之地。

12月，薛举率重兵进攻李唐，他的将士沿途烧杀抢掠，抵达高墌（今陕西长武）驻扎，兵锋直指长安。

/ 临阵失策，刘文静兵败高墌 /

李渊派秦王李世民领兵进驻高墌城拒敌。李世民认为，秦军后方遥远，补给线漫长，军粮供应困难；唐军身后就是根据地，不用为粮食担心，可以逸待劳，长期相持，消耗敌军力量。于是，他下令军队加高壁垒，挖深壕沟，挂起免战牌，任凭秦兵在城外挑战，坚守不出。

但关键时刻，李世民却得了疟疾，必须返回长安医治，临行前委事于长史刘文静和司马殷开山，并叮嘱道："薛举孤军深入，粮食短缺，士卒疲惫。我军宜坚壁清野，不与之战。其军粮用尽之后，自然就会退兵。你们要切记。"李世民走后，殷开山对刘文静说："秦王如此交代，是怕你我无退敌之策。现在秦王返回长安，敌人定会轻视我军。兵法云：骄兵必败。我们领兵出战，定可获胜。"于是他们在城南浅水原排兵列阵，与秦军决战。李世民得到消息，赶紧致书刘文静，让他立刻撤军回城，但为时已晚。

当时，李唐建国不久，军队以步兵为主，骑兵数量极少。而陇右地区原为隋朝牧场，薛举叛隋后抢掠了大量战马，骑兵数量众多，战斗力很强。结果，唐军难以抵挡秦军凌厉的攻势，全军大败，众多将领被俘，高墌失守。

/ 木屑为食，刘感死守泾州 /

公元618年8月，薛举病故，薛仁杲在折墌城（今甘肃泾川东北）继位。薛仁杲率军进攻泾州（今甘肃泾川）。泾州守将刘感出战不利，退回城内坚守。薛仁杲将泾州城团团围住。

泾州被困日久，城内断粮，树皮、树叶等所有能吃的东西全被吃光，最后只剩下刘感的坐骑。刘感让士兵杀掉充饥。士兵无人动手，流着泪说："将军没有战马，如何与贼兵作战？"刘感说："打仗靠的是将士们齐心协力。如果士兵都饿死了，要战马还有何用？"于是，刘感亲手杀掉战马，将肉分给士兵，自己只食用骨汤拌木屑。

薛仁杲生性残忍，将俘虏的唐军士兵全部以断舌、割鼻、碓击等手段虐待致死，最后把上万尸骨堆积成山，覆以黄土，称之为京观。薛仁杲的暴行激怒了唐军士兵，他们同仇敌忾，誓死抵抗。泾州城数次濒临陷落，都被将士死死守住。

不久，长平王李叔良领兵增援泾州，秦兵解围，退往高墌。数日之后，薛仁杲派间谍来到泾州对李叔良说："我们是高墌守军，因不堪忍受薛仁杲的残暴，所以前来投降。请您领兵进攻高墌，我们在城内策应，定可活捉薛仁杲。"李叔良不知是计，派刘感率兵前去接管。刘感来到高墌城下，城上突然放起烽火，薛仁杲率伏兵从城外山谷冲杀而出。唐军大败，刘感被擒。

薛仁杲再次围困泾州，让刘感对城上喊话，就说李世民所率援兵已被挫败，请城内立即投降。刘感假意答应，来到城下却大声喊道："贼兵粮尽，灭之不久。秦王正率大军从四面赶来，各位要努力守城，千万不要中计啊！"薛仁杲气急败坏，一箭将刘感射死。

/ 粮尽兵散，薛仁杲被迫降唐 /

9月，李世民率军再度来到高墌，屯兵于浅水原。李世民吸取上次战败的教训，任凭秦军每日在营前骂阵，只是严防死守，坚决不出。唐军有些将领沉不住气，接二连三地向李世民请战。李世民说："秦军到处抢掠，又急于挑战，正说明他们粮食供应不足。我军只需坚守营寨，加紧操练，等秦军粮食用完之后，内部必生变故，那时我们一举就可将其打败。从今日起，不许再提出战之事，违令者斩！"两军相持60余日，秦军粮食将尽，而唐军的粮食和援军则源源不断从各处汇集而来。薛仁杲暴虐刻薄，与部下长期积累的矛盾此时因军粮短缺而开始激化。翟长孙、梁胡郎等秦将率领部下投降了李世民，镇守河州（今甘肃省临夏）的钟俱仇也献城降唐。

秦军人心涣散，士气低落。李世民认为反击时机成熟，命行军总管梁实率粮草部队诱敌出战。薛仁杲果然中计，出动全军抢夺粮草。李世民与大将庞玉分别率军猛攻秦军后方和右翼。薛仁杲大败，向折墌逃去。

李世民率大军追击，将折墌城包围。

折墌城内无粮，到了夜晚，秦军士兵争先恐后弃城而逃。薛仁杲见大势已去，只得开城投降，陇右之地尽归李唐。

惜粮拒赈，李轨决策失误亡大凉

□ 王宝琦

一当上皇帝，李轨的脑袋就开始犯晕了。他听信妖人之言，建造天下最高的建筑玉女台，以迎接仙女，乞求长生不老。为此耗费了大量钱粮，导致国库空虚。然而，李轨并没有迎来仙女，等待他的只是一场可怕的饥荒……

* * *

李轨从一方士族大员一跃成为大凉国皇帝后，只因犯了一次晕——惜粮拒赈百姓，便轻而易举地被唐朝开国皇帝李渊给灭了。

/ 力保河西　立国大凉 /

李轨原是武威姑臧（今甘肃武威）人，他博览群书，机智过人，有胆有识，能言善辩，而且家里非常富有，经常救济穷困百姓、结交江湖豪杰，在当地很有威望。

武威地处黄河以西，与张掖、西平（今青海西宁）、敦煌、枹罕（今甘肃临夏）并称河西五郡，西与突厥、吐蕃、吐谷浑相接，东距都城长安遥远。隋朝对这里的统治比较薄弱，地方官吏形同虚设。

隋朝末年，天下大乱，盘踞于金城（今兰州）、天水一带的地方豪强薛举、薛仁杲父子乘势起兵，扩充地盘，河西五郡面临着严重威胁。

李轨请来安修仁等武威郡的各大士族，说："如今薛举势力正盛，野心极大，进攻河西是早晚的事。而隋朝已经名存实亡，指望官府抵抗薛举不过是画饼充饥。眼下的局势就靠在座的各位了。"众人齐说："你说的很对。我们都愿意推举你为统帅，号令百姓和士卒，抵抗薛举的进攻，保证河西的安全。"于是，李轨统领各士族家兵，接连攻克张掖、西平、敦煌、枹罕四郡，占领了整个河西。不久，薛举进犯，李轨率兵将其击退。在众人的拥立下，李轨在武威称帝，国号为凉。

/ 国库空虚　惜粮拒赈 /

　　一当上皇帝，李轨的脑袋就开始犯晕了。他听信妖人之言，建造天下最高的建筑玉女台，以迎接仙女，乞求长生不老。为此耗费了大量钱粮，导致国库空虚。

　　然而，李轨并没有迎来仙女，等待他的只是一场可怕的饥荒。李轨称帝的第二年，河西大旱，颗粒无收。老百姓吃光了所有能吃的东西，最后发展到人吃人的地步。李轨拿出自己家里的粮食赈济灾民，怎奈灾民太多，李轨散尽家资仍无法满足需要。

　　本以为作为九五至尊的皇帝，只要带个头，文武大臣一定会争相效仿，他们不说倾其所有至少也会拿出一半的存粮来救济百姓，这样大凉国就可以度过暂时的危机。但那些手握重权的大臣和家财万贯的土豪，没有一个人愿意拿出自家的粮食来救济灾民。

　　没办法，李轨想到用国库的粮食来赈灾，于是召集众人开会商议此事。朝会上有人赞同，有人反对。赞同者振振有词："国以民为本，民以食为天，怎么可以眼看着百姓饿死而不知开仓放粮呢？"反对派更是理直气壮："人固有一死，死亡是很自然的事。虽然现在正遇饥荒，但在饥荒面前，死去的只是那些病残老弱，而强壮的人自然会存活下来。国家的粮食是用来供养军队的，岂能用来养活这些无用的灾民？"最终，反对派占据了上风。李轨也开始转变立场，觉得反对派说的更有道理：是啊，这些病弱之民既不能耕田又不能打仗，救济他们只会增加国家的负担；如果为救活这帮无用的灾民而用尽国库的粮食，一旦发生战事，又用什么来供给军队呢？最后，李轨决定让河西的百姓在饥荒面前自生自灭。

/ 失去民心　大凉消亡 /

李轨称帝的第三年，薛举集团被唐朝消灭。唐军开到了凉国边境，河西再次面临战火的考验。

大唐皇帝李渊想以和平方式解决河西问题，亲自给李轨写信，称其为堂弟，封其为凉王，希望李轨削掉帝号，接受大唐的统一领导。

李轨权衡天下形势，认为大唐与大凉占有的土地面积相差无几，以大唐的实力，目前尚无法吞并大凉，于是拒绝了李渊的封赏和要求。

李渊对李轨的拒绝颇感意外："这个李轨，朕无意抢夺你的地盘，河西五郡还由你李轨说了算，朕只要你放弃皇帝的称号而已。难道为了一个称呼，你要与大唐兵戎相见吗？"正当李渊调兵遣将准备大举征伐李轨时，一个重要的人物适时地登场了。此人就是武威士族安修仁的哥哥安兴贵。安兴贵当时在李渊手下做官，他对李渊说："臣的家族在河西是累世的豪门贵族，各族百姓多加依附；臣弟安修仁深受李轨信任，家族子弟多为李轨高官。臣愿意前往武威，劝说李轨来降。如果李轨仍然拒绝，臣自有办法平定河西。"安兴贵回到武威，与李轨接触后发现其根本没有降唐的意愿，于是与其弟安修仁密谋策反李轨。安修仁说："去年河西大旱，李轨惜粮拒赈，人心已失。如今河西的军队都被调往边关防守唐军，内部空虚，只要我们各大士族共同起兵，围攻郡城，活捉李轨易如反掌。"安氏兄弟带兵进攻武威郡城。李轨多次派兵出战，均被安氏兄弟打败，只得紧闭城门，等待援兵。

一天夜里，当李轨为援军迟迟不到唉声叹气时，突然有人来报，说城内的百姓打开城门，正领着叛军向皇宫杀来。李轨大惊，急忙带着妻子爬上玉女台，俯视全城，只见大街小巷火把通明，叛军正在百姓的带领下从四面八方向皇宫涌来。李轨叹道："这是上天要亡我呀！"遂与妻子互相泣别，准备点燃玉女台自焚。不料安兴贵带人冲了上来，将其活捉。

李轨为了粮食而放弃百姓，失去了民心，使自己成了真正的孤家寡人。安兴贵则借助百姓策反李轨，被李渊封为凉国公，镇守河西之地。

断敌粮道,李世民千里追敌收复河东

□ 王宝琦

李世民与大将秦琼转过身,抽出宝剑,在脚下各写了两个字。回身一看,二人都发出了爽朗的笑声。雪地里留下了4个赫然大字——"粮道、粮道"。

* * *

刘武周雄踞代北(今山西代县以北,包括内蒙古部分地区),依靠突厥的支持,伺机南下夺取晋阳(今山西太原),割据河东(今山西)。

/ 民心尽失　河东陷落 /

晋阳由唐高祖李渊的小儿子李元吉留守。李元吉有两大爱好:一是打仗,让自己人和自己人真刀真枪地玩打仗的游戏,他坐在城楼上看热闹;二是打猎,赶着马车在老百姓的田地里追逐鸟兽,或者在大街上用箭射人。

李元吉不得人心,刘武周等来了夺取河东的机会。公元619年3月,刘武周派大将宋金刚领兵5万攻占了晋阳以南的榆次、介休二城,然后北返围攻晋阳。

自称最爱打仗的李元吉被兵临城下的敌军吓得屁滚尿流,赶紧派人向长安的皇帝爸爸求救。李渊命尚书右仆射裴寂率8万大军驰援。裴寂根本不是带兵打仗的料,一仗就被宋金刚打得溃不成军,向南逃入晋州城(今山西临汾),再也不敢出来。

听说裴寂8万大军都被打败，李元吉再也坐不住了。9月16日夜，他放弃坚固的晋阳城，率领精锐部队保护着自己的妻妾向长安逃去。城内守军开城投降，晋阳失守。

宋金刚继续南下，相继攻陷了晋州、绛州（今山西新绛）、浍州（今山西翼城）等地，兵锋直指关中的门户潼关。

/ 进兵柏壁　算敌粮道 /

仅仅数月时间，李唐并不算大的江山已有半壁陷入敌手。李渊大受震动，写信向次子秦王李世民征求意见："刘武周兵锋太盛，我军很难与之相争。不如放弃河东，严守关中。"李世民坐镇长春宫（今陕西大荔），一直密切注视着河东战局。他回信说："晋阳城池坚固，屯有10年的军粮；河东物产丰富，每年供给京城无数的粮食。况且那里是大唐的发祥之地，更不能丢失。我定当歼灭刘武周，收复河东失地。"看到李世民信心十足，李渊又振作起来，下令关中所有军队齐聚长春宫，由李世民率领，赴河东迎敌。

10月28日，李世民率军自龙门关（今山西河津西北）东渡，进屯柏壁。柏壁城背靠丛山，南面汾河，不仅易守难攻，而且水源可靠。唐军在营前挖下5道深壕，做好防御准备。

河东各地经过两军多次掳掠，官府的仓库已经为之一空。李世民随军所带粮食不多，派人四处张贴安民文告，出高价从民间购粮。百姓见李世民的军队纪律严明、秋毫无犯，纷纷带着粮食向柏壁迁移，唐军暂时缺粮的问题得以解决。不久，永丰仓（在今陕西华阴）的粮食源源不断地送到了柏壁。李世民在柏壁稳稳地扎下了脚跟。

听说李世民领兵来到，宋金刚率大军冒雪逼近柏壁。李世民与大将秦琼登高远望，发现在茫茫大雪之中，敌军阵容齐整，丝毫不乱，不觉暗暗吃惊。他问秦琼应当如何应敌。秦琼说："我有一策，可使敌军不战自退。"李世民心领神会，忙说："将军先不要说。本王也有一策，你我将各自计策写在雪地上，看是否相同。"两人转过身，抽出宝剑，在脚下各写了两个字。回身一看，二人都发出了爽朗的笑声。

雪地里留下了四个赫然大字——"粮道、粮道"。

/ 两军斗智　宋兵败退 /

宋金刚兵锋正盛，李世民严防死守，谁也不敢贸然进攻。两军在柏壁的相持，已经变成了粮食补给的较量。谁能保证自己的粮道畅通，又能控制对方的粮道，谁将取得最后的胜利。

宋金刚的大营内，各路将领正围坐在火盆旁召开军事会议。宋金刚首先发话："李世民想依靠充足的粮食供应与我军长期相持，这对我们十分不利。我军的粮草全靠晋阳供应，两地相距千里，道路崎岖。更为严重的是，处于我军粮道上的浩州城（今山西汾阳）至今未能攻下，一旦粮道被唐军截断，我军的处境将会非常危险。"尉迟敬德说："柏壁以南现有两路反唐兵马，一个是夏县的吕崇茂，一个是蒲坂（今山西永济）的王行本。我率军去增援二人，让他们袭扰唐军粮道。只要李世民军心动摇，我军就有机会取胜。"但让宋金刚没有想到的是李渊却先行一步，采用反间计，封吕崇茂为夏王，命他进攻宋金刚。

尉迟敬德果然中计，不问青红皂白就捕杀了吕崇茂。尉迟敬德又领兵去蒲坂，但才走到半路，就听说王行本已被李渊派兵歼灭了。

宋金刚袭扰唐军粮道的计划彻底破灭，只能寄希望于刘武周也能像李渊一样拔除自己身后的钉子。但刘武周不是李渊，数次派军围攻浩州，都以失败告终。

公元620年4月，李世民派大将刘弘基率精骑数千绕道增援浩州，成功阻断了宋金刚粮道。

/ 千里追敌　收复河东 /

宋金刚最担心的事终于发生了。没有粮食，就无法继续与李世民对峙，他唯一能选择的就是退兵。4月13日深夜，宋金刚悄悄撤退。

14日清晨，李世民发现宋金刚逃跑，立即率领8万大军火速追击。

宋金刚且战且退，逃入介休城内。

介休城储备的粮食不足，宋金刚无法坚守，其于24日在城外与唐军决战。宋金刚大败，逃向晋阳。尉迟敬德退入介休城内，秦琼入城劝降。

宋金刚打算退入晋阳，凭借充足的粮草和坚固的城防与李世民对峙。

但驻守晋阳的刘武周比李元吉跑得还快，没等宋金刚回来就已经投奔突厥去了。宋金刚无奈，只得带领残兵向突厥逃去。李世民收复河东，平定代北，巩固了大唐江山。

粮为先，李世民一战克双雄

□ 王宝琦

为引诱窦建德全军出战，李世民做了两件事：第一件是派大将王君廓伏击了夏军粮道；第二件是派间谍带给窦建德一个假消息，说唐军战马缺少草料，每日要去很远的地方牧马。

* * *

经过不断兼并，至公元620年，中原尚存三大主要军事政权：长安李渊，国号为唐；洛阳王世充，国号为郑；河北窦建德，国号为夏。

是年7月，李渊派次子李世民率军5万进攻洛阳。郑军出战不利，各州县望风而降，王世充向窦建德紧急求援。

/ 围困洛阳城 /

李世民兵分四路，迅速切断了洛阳与外围地区的联系，并占领了洛阳以南的兴洛仓、以北的回洛仓和以东的汜水关等战略要地，洛阳陷入困境。今河南、山东、江苏等地当时虽然在名义上接受王世充的领导，但并未真心归附。此时，他们见洛阳被困，都持观望态度，没有一路兵马前来救援。

刚开始，李世民求胜心切，想速战速决，于是全力攻城。结果，唐军伤亡严重，士气受损，士兵疲惫不堪，人人思乡。刘弘基等将领请求李世民暂时班师，李渊也从长安发来密信要求撤军。李世民回信说："洛阳已成孤城，不久即会缺粮，破城指日可待。如果撤军，刚刚占领的潼关以东地区又得放弃，那么王世充就会重新巩固对这里的统治，以后想要再战胜他就会变得十分困难。"听了李世民的分析，李渊转变了立场。

在得到李渊的全力支持后，李世民改变强攻战术，在城外挖壕沟、修堡垒，只围不攻。很快，洛阳城内开始缺粮。10匹布只能换得1升盐，1匹绢才值3升粟。服饰、珍玩像黄土一样无人问津，粟米用黄金也难买到。百姓把草根、树叶、树皮全吃光了，就食用以浮泥和米屑制成的饼，食后都得了病，身体肿胀，脚跟发软，饿死的人横七竖八地躺满路边。就连那些地位显赫的达官显贵也只能吃糠，而且吃不饱，还时常有人饿死。当初隋炀帝建好东都，迁天下富户咸集洛阳，城内户数不下3万，此时已锐减到不足3000。

王世充强忍饥饿，每天数次登上城头，用布满血丝的双眼向东方远眺，盼望着窦建德的到来。

/ 分兵汜水关 /

窦建德接到王世充的求援，内心十分矛盾：如果不救，王世充必败无疑，北方三足鼎立的局面就会被打破，那么唐军下一个进攻目标就会是自己；如果施救，必然要冒很大的风险，一旦失败，同样会招来唐军的进攻。就在窦建德举棋不定之时，军师刘彬的一番话打动了他。

刘彬分析道："如今唐强而郑、夏弱，郑若亡，夏必不能独存。现在唐、郑对峙日久，两败俱伤。如果我军发兵救郑，内外夹击，唐军必败。唐退兵后，我军乘势拿下王世充，合两国之力，再发兵攻唐，则天下可定！"公元621年3月，窦建德发举国之兵10万，号称30万，火速向洛阳进发。

战报传来，唐军一片哗然。很多将领认为唐军人困马乏，夏军士气旺盛；如果郑、夏联手，唐军必败。于是，再次请求退兵。而谋士薛收则有另一番见解："王世充占据东都，统帅的全是精锐部队，唯一的困难就是缺粮。窦建德亲率大军救援，自然也会尽出其精锐。如果双方合兵一处，以河北的粮食供给洛阳，那我军将难以对付。现在应当兵分两路：一路继续围困洛阳，增设壁垒，加深壕沟，以防王世充出城挑战；另一路由您亲率骁勇骑兵，迅速进驻汜水关，以逸待劳，拖住夏军。洛阳无粮，无法持久，不出20日必会投降，然后举兵攻夏，定会大获全胜。"李世民认为薛收的分析很对，当务之急是抢在窦建德之前占领汜水关。于是，他立即挑选3500名精锐骑兵，亲自统领，直奔汜水关。其余军队由其四弟李元吉指挥，继续围困洛阳。

/ 一战定乾坤 /

汜水关又称虎牢关，向西距洛阳100多公里，南连嵩岳，北濒黄河，山岭交错，自成天险，可谓"一夫当关，万夫莫开"，为历代兵家必争之地。

窦建德日夜兼程，进兵神速，但仍晚来一步。当他于4月26日早上到达汜水关时，李世民已于25日夜先期进驻。夏军发动了几次进攻，都被唐军依靠险关打退，两军遂成相持之势。

李世民虽然挡住了夏军的进攻，但面临的形势依然不容乐观：洛阳王世充死守拒降，唐军主力被牵制；汜水关虽然艰险，但唐军太少，随时有失守的危险；洛阳外围其他各路军队正在等待观望，有随时向唐军发起进攻的可能。更为严重的是，北方的突厥已经开始袭扰边境。整个局势犹如一盘棋局，一着失手，就会全盘崩溃。

眼下，只有尽快战胜窦建德，所有的危机才能得以化解。

为引诱窦建德全军出战，李世民做了两件事：第一件是派大将王君廓伏击了夏军粮道；第二件是派间谍带给窦建德一个假消息，说唐军战马缺少草料，每日要去很远的地方牧马。

粮草被截使夏军无法进行持久战，窦建德再也沉不住气了，他主动约李世民决战，决战时间是5月2日巳时。之所以约定这个时间，是因为窦建德算定唐军的战马此时尚在河边放牧，李世民缺少骑兵。

5月2日早，窦建德率全军出动，沿汜水东岸列阵20余里，等待与唐军决战。但巳时已过2个时辰，仍不见唐军出关。夏军从早上一直站到午后，浑身被汗湿透，肚子饿得呱呱叫。窦建德以为唐军胆怯，遂下令全军休息。士兵涌向河边饮水，横躺侧卧，散不成军。

就在此时，汜水关的吊桥突然放了下来。夏军将士不约而同地扭头西望，紧盯着汜水关黑洞洞的城门，只见李世民与程咬金、秦琼、尉迟敬德、李世勣、王君廓等一班虎将率领3000骑兵风驰电掣一般冲了出来，一眨眼便过了汜水。尤其是李世民亲率的500精骑，个个黑衣黑甲，跨下黑马，在敌阵中往来冲突，势不可当。夏军匆忙之间难以列阵，士兵死的死，逃的逃，降的降。窦建德单骑逃遁，在牛口渚被俘。

5月8日，窦建德被押至洛阳城下，王世充急忙爬上城头，看到被五花大绑的窦建德，最后一线希望彻底破灭。5月9日，王世充开城投降。

这场战争，李世民处处以粮为先，诱使窦建德出战，逼迫王世充投降，一战而平定了两大枭雄，使唐军的势力迅速从潼关以西扩张到了整个中原地区，奠定了统一天下的基础。

囤粮平东突厥　唐太宗成"天可汗"

□ 王宝琦

公元630年，唐朝大将李靖率1万骑兵，只携带20日军粮，在铁山奇袭东突厥主力，俘虏了颉利可汗，一举消除北方最大的威胁。

/ 刘世让粮策夺马邑 /

公元622年，漠北草原大旱，东突厥闹起了饥荒。李渊想利用这个机会收回被东突厥夺走的军事重镇马邑（今山西朔县）。马邑是唐朝北方边境上的重要军事隘口，占有马邑对于下一步反击东突厥具有十分重要的意义。李渊命令代州（今山西代县）总管李大恩进攻马邑。李大恩孤军深入，被突厥骑兵围困十几日，粮草用尽，援兵不至，乘夜突围，结果全军覆没。

颉利可汗对唐朝的主动进攻十分恼怒，亲率15万骑兵经马邑南下，直逼长安。李渊慑于突厥势大，只得派人对颉利好言相慰，并以粮食、财物和美女相送，颉利才罢兵北归。

李渊对此次行动的失败心有不甘，于公元623年派大将刘世让再次谋取马邑。刘世让屯兵崞城（今山西原平县），采取坚壁清野之策，将马邑外围的人口全部迁往崞城，并每日派骑兵前往马邑践踏庄稼。不久，马邑城内缺粮，不断有人逃出来投降唐军。

突厥人见马邑难守，遂弃城而逃。刘世让不战而得马邑。

李世民忍辱退敌兵

公元624年，唐朝平定了江淮、江南，基本统一了全国。对于唐朝的一步步强盛，颉利可汗深感不安。于是，他大举南侵，想以此削弱唐朝的实力。突厥军3月攻原州（今宁夏固原），5月攻朔州，6月攻武周城（今山西左云），7月攻陇州（今陕西陇县）、并州（今太原），兵锋再指长安。

8月，李世民率军在豳州（今陕西彬县）抵御东突厥。时值大雨连绵，道路泥泞，后方的粮草、军械无法搬运至前线。8月12日，东突厥上万铁骑居高列阵，准备进攻唐营，唐军将士极为恐慌。李世民不敢与突厥硬拼，于是利用颉利可汗与其他部落之间的分歧实行反间计。东突厥其他部落只想抢掠粮食财物，不想与唐朝主力大战。颉利可汗见人心不齐，也无可奈何，于是在一番大肆劫掠之后领兵退去。

公元626年8月，李世民发动玄武门之变，登上皇位。颉利可汗乘唐朝内政不稳，再次举兵南下。28日，颉利亲率10余万精骑进军至长安以北50里处的渭水便桥，逼迫唐朝签订城下之盟，在索取大量粮食财物之后满意而归。此后唐朝北部边境维持了几年平静。

东突厥两次兴兵南下，唐朝都不敢与其发生正面冲突。李世民清楚，只有增强唐军实力，才能彻底击败突厥，边患才能长久解除。渭水结盟后，李世民开始全面备战，在北方各军事重镇大量囤积粮草，训练骑兵，并经常与各级将领研究反击突厥的战术。

李靖20日军粮平突厥

公元629年，大草原遭遇罕见雪灾，积雪厚达数尺，人无粮，马无草，牲畜大多冻死，百姓饥寒交迫。饥荒导致颉利可汗用度不足，于是加重对百姓的赋税。东突厥内部矛盾激化，很多部落背弃颉利可汗而投降了唐朝。而关中这一年却风调雨顺，粮食大获丰收。

李世民认为反击东突厥的条件已经成熟。11月15日，李世民派李世勣、李靖等军事经验丰富的将领率10余万大军，分6路北伐。颉利可汗闻讯，率东突厥主力南下拒敌，大军驻扎于定襄。次年正月，李靖率3000骑兵出击马邑，偷袭定襄城，大获全胜。

颉利可汗领兵北逃至铁山（在今内蒙古境内的阴山以北）驻扎，然后派执失思力入长安朝见李世民，请求献地投降，入朝谢罪。李世民大喜，派鸿胪寺卿唐俭前去抚慰。李世勣对李靖说："颉利请降是缓兵之计，若其主力逃回漠北，等草青马肥实力恢复之后，将很难对付。现在趁我强彼弱，应一举将其歼灭。"李靖说："我率1万精锐骑兵，只携带20日粮草，即可生擒颉利。"2月1日，李世勣与李靖分头行动：李世勣率步兵、骑兵主力从东路前往碛口埋伏，截断突厥归路；李靖率骑兵往铁山偷袭颉利。

李靖所率骑兵每人配备3匹战马，两匹驮运粮草器械，1匹乘骑士兵，整个军队机动灵活，行动迅速。

当李靖进军到阴山南麓时，遭遇了东突厥的侦察部队千余帐。突厥人行军打仗是整个部落全体出动，每户的粮草、家具、牲畜、老婆、孩子、奴仆等随同军队一起行动，一帐就是一户。李靖将这些突厥人全部俘获，不仅丰富了军队的粮食补给，也减轻了粮草运输的压力。为保证行军的绝密，李靖让这千余帐突厥人全部随唐军一起行动。

2月8日，天降大雾。颉利可汗正在牙帐内与唐朝使臣唐俭商谈归降之事。突然有人报告，唐朝骑兵已经到达距牙帐不足7里处。颉利大惊失色，丢下部众，骑上汗血宝马向北逃去。突厥军队群龙无首，乱成一片。李靖大获全胜，杀敌上万，俘获男女10余万、牲畜数10万头、粮草兵械无数。

颉利收拢1万残兵逃到碛口，被李世勣大军挡住归路。突厥各部落首领纷纷下马投降。颉利见大势已去，哀叹无力回天，也下马投降。

李世民将东突厥部众安置于东起幽州（今北京）西至灵州的广阔区域，并设置云中督都府和定襄督都府管理东突厥故地。从此，唐朝势力空前壮大，各国、各部首领纷纷来到长安称臣纳贡，尊唐太宗为"天可汗"。

平塞北，裴行俭"粮"策连连

□ 王宝琦

突厥听说唐军粮草经过，果然出兵抢劫。押粮的唐兵四散而逃。突厥兵赶着唐军的粮车回到营地，扔掉兵器，下马卸甲，准备搬运粮食。然而，当突厥人打开粮车后，并没有看到白花花的米粮，迎面而来的竟是亮闪闪的刀枪……

***

公元679年10月，阿史德温博聚集东突厥旧部叛乱，响应者达二十四州，数十万人马。战报传来，唐朝举国震动。

/ 萧嗣业轻敌，粮草被劫，唐军败绩 /

唐高宗李治紧急召集文武大臣商讨平叛之策。宰相裴炎奏道："臣推举一人，定能平息塞北之乱。"李治问道："何人？"裴炎道："鸿胪寺卿、单于都护府长史萧嗣业！"萧嗣业曾经在东突厥境内生活过十多年，熟知东突厥地理风俗。东突厥归降唐朝后，萧嗣业因为这段经历被唐朝任命为专管民族事务的鸿胪寺卿兼单于都护府长史，曾多次带领东突厥部众参加唐朝的对外军事行动。

此次东突厥反叛，萧嗣业似乎是平叛的最佳人选。

萧嗣业接到命令后，率领大军北出单于都护府（位于今内蒙古和林格尔县），与突厥交战数场，均获全胜。

突厥军队向北逃入阴山，萧嗣业下令追击。

部将花大智说："我们对叛军情况尚不清楚，况且天气正在转冷，不如等长安运送的冬衣到来之后再追击不迟。"萧嗣业自恃熟悉突厥情况，又打了几次胜仗，有些轻敌，于是不以为然地说："叛军不过是一些乌合之众，我大军一到，他们即望风而逃。今乘胜追击，入冬前即可将其剿灭，何需等待朝廷冬衣？"遂亲率大军火速追击。

萧嗣业一直追到阴山脚下，却找不见叛军踪迹。此时，天气突变，大雪纷飞。萧嗣业下令就地驻营，进行修整。当天夜里，突厥人偷袭了唐营。

唐军粮草辎重被烧，马匹被抢掠一空，不得已又仓促南撤。

由于缺少战马，唐军只能步行撤退，沿途又不断遭到突厥袭扰，因而撤退速度极慢，10多天后才回到单于都护府。萧嗣业清点士卒，上万士兵被冻饿而死。

/ 裴行俭出马，粮车伏兵，黑山大捷 /

11月，唐高宗任命裴行俭为定襄道行军大总管，统领30万大军再度北伐。

裴行俭是唐朝最有才干的军事统帅之一，曾镇守西域，西征吐蕃，战功卓著。裴行俭率军进至朔州，与驻守当地的唐朝守军商议军情，才知道萧嗣业前次兵败主要是因为粮草被劫。裴行俭对部下说："此番北伐，突厥一定会故技重施。我有一条计策，可使突厥以后不敢夺我军粮，确保粮运安全。"次日，裴行俭派老弱残兵押运300辆粮车先行，让精锐骑兵在远处暗中跟随。突厥听说唐军粮草经过，果然出兵抢劫。押粮的唐兵四散而逃。突厥兵赶着唐军的粮车回到营地，扔掉兵器，下马卸甲，准备搬运粮食。

然而，当突厥人打开粮车后，并没有看到白花花的米粮，迎面而来的竟是亮闪闪的刀枪。原来，裴行俭在每辆粮车内各埋伏了5名手持陌刀、身背劲弩的勇士。1500名唐兵突然跳出粮车，对突厥兵一阵狂杀乱砍。

突厥兵猝不及防，乱成一片。紧接着，唐军骑兵赶到，将突厥兵杀得一个不留。从此，突厥人再也不敢打唐军粮草的主意了。此后，裴行俭指挥唐军屡战屡捷，稳步推进。次年3月，两军大战于黑山（今内蒙古大青山），突厥兵败，裴行俭凯旋。

/ 突厥再犯，汗帐劫粮，二平塞北 /

裴行俭大军刚刚还朝，阿史德温博又拥立阿史那伏念为可汗，再度兴兵叛乱。裴行俭奉命二次北征。

唐军先头部队将领曹怀舜探听到伏念与温博正在黑沙城（今呼和浩特东北），左右不足20骑，于是他率军前去攻打。结果遭到伏念大军伏击，死伤无数。曹怀舜以金帛贿赂伏念，才得以逃脱。

裴行俭得报伏念出动主力围攻曹怀舜，立即派部将何迦密、程务挺两路出击，袭取了伏念设于金牙山的汗帐。

当伏念带着曹怀舜赠送的财物心满意足地回到老巢时，眼前的一切顿时让他傻眼了：遍地都是破碎的帐篷、器械、盔甲和突厥士兵的尸体，所有的粮食、牛羊、马匹、财物连同士卒家属全被唐军抢掠而去。这一下，突厥士兵个个成了光棍汉。没了老婆不要紧，以后可以去唐朝抢；没了粮食，当前就活不下去。伏念走投无路，派人谒见裴行俭，请求投降。

裴行俭在接见伏念使者时故意说温博与唐朝早有联络，此次偷袭伏念汗帐之所以会如此顺利，就是因为温博提供了准确的情报。伏念听说后信以为真，以为是温博出卖了自己，便发兵攻打温博，将其擒获，一并投降了裴行俭。

本来东突厥叛乱已经被平定，但高宗李治在处理俘虏的问题上犯了严重的错误：他听信宰相裴炎之言，将伏念、温博等54名突厥首领斩首于长安东市。裴行俭叹道，伏念被杀，恐怕又会激起突厥反叛。

不幸终被裴行俭言中。公元682年，东突厥诸部第三次反唐。高宗命裴行俭三度挂帅北征，但军队尚未出发，裴行俭已病故于家中。北征之事暂时搁置。

次年，高宗驾崩。从此，唐朝进入武则天统治时期。武则天迫于国内政治斗争激烈，政局不稳，对东突厥采取以安抚为主的政策。东突厥乘机发展，实力有所恢复。与此同时，另一个部落也在草原上悄然兴起，它就是回纥。到了唐玄宗时期，东突厥在唐朝和回纥的夹击下灭亡，其部众一部分并入回纥，其余投降了唐朝。至此，东突厥彻底退出了历史舞台，唐朝北部边境归于平静。

远征，20万唐军挑战极限灭高昌

□ 王宝琦

侯君集率领唐军主力以及东突厥、铁勒、回纥、薛延陀等族骑兵共计20万人，从长安出发，浩浩荡荡向西域开进。唐军的粮草供应主要来自于3个方面：一是河西之地，二是随军商队，三是薛延陀。尽管如此，但残酷的环境依然给唐军带来了巨大的考验。

* * *

唐贞观十三年（公元639年），西域小国高昌发兵进攻唐朝属国焉耆，并阻断了丝绸之路。唐太宗任命兵部尚书侯君集为交河郡大总管，领兵20万前往征讨。

高昌距长安7000里，中途要经过茫茫沙漠。侯君集如何才能保障20万大军的粮草供应，完成这次非同一般的远征呢？

/ 缘起：高昌阻断丝绸之路 /

高昌位于今天的新疆吐鲁番，地处丝绸之路咽喉要道，因人丁昌盛、地高宽敞，遂以高昌为名。西汉设立西域都护府管辖高昌。晋朝设高昌郡，派遣太守管理。南北朝时期，中原内乱，高昌脱离中央统治，独立为王国。唐太宗时期，高昌国地不足千里，民不过4万，兵只有7000，国王麴文泰与唐太宗关系密切，数次来唐朝进献奇珍异宝，还经常通报西域各国的动态。

然而，从贞观六年（公元632年）开始，高昌与唐朝关系开始恶化，其原因就在于丝绸之路的改道。原来，从长安通往西域的丝绸之路在隋朝以前主要走的是大碛路。大碛路必经焉耆，要横穿千里沙漠，需寻人畜遗骨及骆驼粪便而行，常有哭声在空中飘荡，传说有鬼魅作祟，于是隋朝末年又改走伊吾路。伊吾路必经高昌，高昌因此获利极丰。然而，公元632年，唐太宗答应焉耆国王的请求又重新开通了大碛路。

大碛路的开通，使得伊吾路客商骤减，高昌利益受损。麴文泰对此十分不满，派兵袭击焉耆，又和西突厥结盟，阻遏西域各国去唐朝进贡通商。麴文泰还想联合薛延陀与唐朝抗衡，就派人对薛延陀可汗说："你既为可汗，就应与唐朝皇帝平等，为什么要向大唐称臣呢？"对麴文泰的种种挑衅，唐太宗开始试图通过外交努力来解决，但多次交涉均无结果。唐太宗最终决定用兵讨伐。

/ 较量：高昌仰仗地利及西突厥 /

魏征、褚遂良等大臣纷纷向唐太宗上书，劝谏不可出兵西域。他们认为唐朝即使攻下高昌，因为路途太远，不仅得不到高昌一粒粮食，反而要耗费国库储备、派兵驻守，为了一个弹丸之地根本不值得兴师动众。但是唐太宗更加看重的是高昌的战略价值——高昌是大唐对抗西域霸主西突厥的军事据点。

再说高昌国王麴文泰听说唐朝将要出兵西域的消息后，不以为然地对其国人说："长安距此7000里，光沙漠就有2000里，既无水草，也无鸟兽，寒风如刀，热风如烧，怎能派遣大军呢？以前，我去过隋朝，也去过唐朝。我看到唐朝城邑萧条，人烟稀少，远不能和隋朝之时相比，而强大的隋朝从来不曾派遣军队到达这里。现在唐朝要讨伐我，若发兵太多，粮运则难以实现；若发兵3万以下，又对我们无可奈何。如果他真的兵临城下，不出20日，必然粮尽兵退，到时候我们再派兵追击，就可将他们全部俘虏！"当然，遥远的路途和残酷的环境只是麴文泰夸口的一个因素，还有一个更为重要的因素，就是西域霸主西突厥的支持。西突厥可汗乙毗咄陆亲笔写信给麴文泰，希望高昌坚决抵抗唐朝，他保证将竭尽全力支援高昌。

为此，乙毗咄陆还特意在可汗浮图城（今新疆吉木萨尔）驻扎了1万精锐骑兵，与高昌互为犄角；又派1000骑兵进驻高昌都城，交由麹文泰亲自指挥。可以说，西突厥才是高昌对抗唐朝的真正筹码。

/ 平定：三方供粮，唐军大捷 /

侯君集率领唐军主力以及东突厥、铁勒、回纥、薛延陀等族骑兵共计20万，从长安出发，浩浩荡荡向西域开进。

唐军的粮草供应主要来自于3个方面。一是河西之地（包括今甘肃武威、张掖、敦煌、临夏及青海西宁等地）。据史料记载，河西之地为供应本次战争军需，造成百姓十室九空，经济一片萧条，以致5年之内不能恢复。二是随军商队。此次远征，与官军同行的还有一支庞大的商队，这支商队由汉人、西域人和东罗马人共同组成，人数达到数千，马匹和骆驼多达数万，除了驮运丝绸、茶叶、瓷器、药材等商品外，还有一项重要任务，就是为唐军筹备和驮运食物。对于这些商人来说，20万远征军的粮食供应本身就是一个巨大的商机。三是薛延陀。薛延陀是唐朝西北边疆的一个游牧部落，臣服于唐，与西突厥时有冲突。此次远征，薛延陀主动提出要为唐军提供军需，包括战马、咸肉、水囊、防寒的皮衣等，这些都是薛延陀的特产。

尽管事先有充分准备，但残酷的环境依然给唐军带来了巨大考验。唐军主力数次陷入缺粮无水的危险境地。这种情况下，将士们就割破战马脖颈上的血管，靠吸饮马血维持体力。实际上，在整个平定高昌的战役中，唐军的非战斗减员远远超过了战斗伤亡。

在历经6个多月的艰苦行军后，唐军终于走过了被称为死亡戈壁的大沙漠。守卫碛口的高昌和西突厥士兵见到突如其来的唐朝大军，以为是天兵下凡，根本不敢迎战，纷纷弃城而逃。

麹文泰听说唐军已过碛口，内心恐慌，很快就发病死去。他的儿子麹智盛即王位。麹智盛给侯君集写信说："是我的父亲得罪了大唐天子，他遭了天罚，已经去世了。我刚刚继位，不敢与天朝为敌，请求宽恕。"侯君集回信说："你如果真心悔悟，就主动来大唐军营投降。"麹智盛犹豫不决,不肯出来。于是,侯君集下令攻城。

麹智盛仍寄希望于西突厥的支持。可是,驻守可汗浮图城的乙毗咄陆可汗听说唐军兵临高昌后立即带着主力逃之夭夭了。麹智盛最后一点希望破灭了,于是率领文武官员出城投降。唐军迅速占领高昌全境,共拿下3郡5县22城,所得户口8046户、人口37700人。

唐太宗改高昌为西州,改可汗浮图城为庭州,在此设立安西都护府,留兵镇守。不久,唐朝以安西都护府为据点,消灭了称霸西域的西突厥,再次将整个西域纳入了唐朝版图。

渡海屯田　大唐完胜确立东亚格局

□ 王宝琦

　　唐朝东征高句丽，改变以前围攻坚城而使自己陷入后勤危机的战法，转而采取长期袭扰的战略，使高句丽疲于奔命，农时被废，国力大减。唐朝又联合新罗消灭了高句丽的南方盟国百济，再以百济为前方基地，在那里屯田积粮，最终南北夹击，讨平了高句丽。

*　*　*

　　唐朝东征高句丽，改变以前围攻坚城而使自己陷入后勤危机的战法，转而采取长期袭扰的战略，使高句丽疲于奔命，农时被废，国力大减。唐朝又联合新罗消灭了高句丽的南方盟国百济，再以百济为前方基地，在那里屯田积粮，最终南北夹击，讨平了高句丽。

　　唐朝讨平高句丽还收到了另一个效果，那就是白江口海战完胜日本，打消了日本日益扩张的野心。

/ 攻坚受挫　袭扰疲敌 /

　　隋唐时期，在辽河以东到整个朝鲜半岛上，共有3个国家：北方是高句丽，南方一分为二，东边是新罗，西边是百济。在东汉以前，高句丽所在地区一直属于中国王朝。南北朝时期，中国内乱，高句丽乘机在此崛起，并对外扩张。隋朝远征高句丽，致使国内田地荒芜、民生凋敝，以至亡国。

唐朝建立后，两国依然处于敌对之势。

公元643年，高句丽莫离支（摄政）盖苏文联合百济进攻新罗，掠40余城，新罗遣使向唐朝求助。唐太宗以"高句丽据有辽东，乃旧中国之有，而今九瀛大定，唯此一隅"，决定对高句丽用兵，以实现唐朝最后统一。

公元645年3月，太宗亲率10余万大军征讨高句丽。刚开始，唐军的进攻相当顺利，4月破盖牟城（今辽宁盖县）、袭卑沙城（今旅顺）。5月破辽东城（今辽阳），6月大败高句丽军15万人于白岩城（今抚顺）。高句丽被迫坚壁清野，全线向南收缩。然而唐军在围攻安市城（今辽阳以南）时却遭遇了当年隋炀帝亲征高句丽时相同的局面：坚城久攻不下，粮食供应不上，且"辽东早寒，草枯水冻，士马难以久驻"。唐军不得已于9月班师还国。辽东重又落入高句丽之手。

唐朝首次东征无功而返，盖苏文更加骄狂，再次出兵攻略新罗。太宗召集大臣商讨二征高句丽。大臣们认为，高句丽依山而城，攻之不可猝拔。但经前次征讨，其农田水利已遭大面积破坏，人口也被悉数迁往内地，土地无法耕种；所攻克的城池，粮秣物资被没收殆尽，再加上旱灾严重，高句丽国民大都处于半饥饿状态。现在只要派遣少量军队进行袭扰，即可使其疲于奔命，农时被误，数年之间便会因粮荒而土崩瓦解，如此唐军可不战而胜。太宗觉得有理，遂派海陆两军轮番进入高句丽境内，焚烧庄稼，毁坏城防。高句丽军皆背城防守，不敢出战。

公元648年6月，太宗觉得破坏工作已经做得差不多了，想再兴大军讨伐。群臣又建议，大规模进军必须粮秣充足，仅依靠畜力车运难以满足，必须造大船实施水运。于是，太宗下令于剑南道（今四川、云南地区）伐木造舰，大舰长33米、宽17米。所造舰船沿江而下，集于莱州。命莱州刺史李道裕运贮粮食于乌湖岛（今蓬莱市东北250公里外），以备东征。

但唐军尚未出征，太宗即于次年5月驾崩。东征高句丽的任务落在了高宗李治的肩上。

/ 两平百济　完胜日本 /

高宗调整了对高句丽的策略，决定先派兵渡海，与新罗联手打击百济，在半岛取得立足点后，再与辽东方面的唐军南北夹击。

公元660年3月，高宗派13万海军在新罗配合下进攻百济。由于准备充分，唐军不到一月就扫平了百济。唐朝改百济为带方州，任命大将刘仁轨为带方刺史，统兵驻守。

唐军主力回国后，百济贵族又密谋反叛，将流亡日本的百济王子扶余丰迎接回国，拥立为新主，再派人分头前往高句丽和日本搬兵。高句丽迫于辽东唐军的压力无暇南顾，而日本则认为这是一个染指半岛的天赐良机。

当时的日本被唐朝称为倭国，还未领教过中国军队的实力，颇有一些夜郎自大和不自量力。至公元663年，日本已陆续向百济派出军队27000人。是年6月，日军攻占了新罗3座城池，阻断了新罗供应唐军的粮食通道。8月，日本又派出一支上万人的海军，乘船千艘开向百济，准备溯白江（今韩国锦江）而上进攻刘仁轨率领的唐军。

刘仁轨获悉后率战船170艘顺白江而下，在白江口海面与日本海军遭遇。当时的日本人好像不懂什么战法，一见唐朝舰队就一拥而上。刘仁轨不慌不忙，将战船分为左右两路，合围日军，火箭齐发，"焚其舟四百艘，烟焰涨天，海水皆赤"。日本兵被杀得鬼哭狼嚎，立时全军覆没。海上大败后，陆上的百济和日本联军也不是唐军的对手，全都束手就擒，百济二次亡国。

白江口海战在日本国内产生的震动不亚于一场9级地震。从此，日本一改对中国傲慢的态度，成批成批地派出遣唐使，凡是见到唐朝好的东西，不论衣食住行还是文字风俗，统统照搬回家。很快日本成了一个全盘"唐化"的国家。

/ 屯田积粮　终灭高句丽 /

百济历经战乱，民生凋敝，万事待兴。刘仁轨重新登记人口户籍，按照唐朝的制度设置官署，招募吏员，救济贫困民众，使老百姓安居下来；修复堤坝塘堰，疏通水利，鼓励粮食生产。同时，率军屯田，聚积粮草，操练士卒，为下一步征讨高句丽做了充分准备。

公元666年，盖苏文去世，高句丽发生了内乱。公元668年，高宗发兵讨伐，唐军南北夹击，终于灭亡了高句丽。唐朝在平壤设安东都护府统辖高句丽和百济旧地。

两年以后，新罗羽翼丰满，反而开始与唐军作对。与此同时，唐朝西部边境的吐蕃也开始兴兵作乱，唐朝对半岛的经营日显力不从心，于是将安东都护府由平壤后撤到辽东，同时撤走了高句丽和百济旧地的所有汉族官员。此后，两地逐渐为新罗蚕食。武则天掌权后，内忧外患不断，遂彻底放弃了对半岛的统治。从此，朝鲜成了唐朝的属国。

唐平定高句丽，虽然没有恢复对半岛的统治，但至少起到了两方面的效果：一是使朝鲜从此死心塌地臣服于中国王朝，二是使日本此后长达千年不敢觊觎东方大陆，从而确立了东亚的政治格局。

大非川截粮,吐蕃一跃成唐西部强邻

□ 王宝琦

大非川之战是唐高宗时期发生在唐朝和吐蕃之间的一场大战。唐朝发兵10万,吐蕃调兵40万;唐朝领兵将领是大名鼎鼎的薛仁贵,吐蕃则是名将钦陵。此战,唐军长途袭击,初战告捷,但钦陵集结大军截取唐军粮草,致使唐军断粮,陷入绝境,最终一败涂地。

* * *

大非川之战是唐高宗时期发生在唐朝和吐蕃之间的一场大战。唐朝发兵10万,吐蕃调兵40万;唐朝领兵将领是大名鼎鼎的薛仁贵,吐蕃则是名将钦陵。此战,唐军长途袭远,初战告捷,但钦陵集结大军截取唐军粮草,致使唐军断粮,陷入绝境,最终一败涂地。

/ 吐蕃入侵 唐高宗震怒发兵 /

在松赞干布时期,吐蕃与唐朝关系相当融洽。唐朝将文成公主嫁于松赞干布,吐蕃则对唐称臣,唐蕃边境长期保持着安宁。

松赞干布去世后,吐蕃实权相继落入大相禄东赞与其子钦陵手中,从此吐蕃走上了对外扩张之路。公元663年,禄东赞率军进攻唐朝属国吐谷浑,吐谷浑可汗诺曷钵逃往长安,吐谷浑亡国;公元670年,钦陵率军大举进攻西域,攻陷了唐朝设在西域的安西四镇(唐朝前期设置的四个军镇,由安西都护府统辖，分别是龟兹、焉耆、于阗、疏勒，大约在今天新疆的库车、焉耆、和田、喀什）。

唐高宗李治对吐蕃入侵极为震怒，任命薛仁贵为逻娑道行军大总管，阿史那道真、郭待封为副总管，领兵10万予以讨伐。

唐朝任命的3位统帅都是当时名将：薛仁贵曾东征高丽，西征铁勒，被誉为常胜将军；阿史那道真是东突厥可汗处罗侯之孙；郭待封是唐朝开国功臣郭孝恪之子。

唐朝志在必得，准备取胜后直捣逻娑（吐蕃首府，今拉萨），并册封诺曷钵为青海王，与唐军同行，准备为其复国。

/ 进军逻娑　薛仁贵首战告捷 /

吐蕃入侵西域，唐军为何要向逻娑进军？这其实是"围魏救赵"之计。吐蕃大举进军西域，其国内必然空虚，唐军进攻逻娑，吐蕃定会引军回救；唐军只要拿下吐蕃从西域返回的必经之地——大非川上的乌海城（今青海玛多），并在此以逸待劳，吐蕃军就会陷于被动，而唐军进则可直捣逻娑，退则可夺回安西四镇。

薛仁贵率军先至鄯州（今青海东都），在此补充粮草，征集上万牦牛、驴、骡用以驮运，然后向着海拔4000米的大非川艰苦进发。

大非川在今青海省共和县西南的切吉旷原，位于青海湖南，向西可达吐谷浑故城伏罗川，向南可至黄河河口及乌海城，是吐蕃往返西域之要津。薛仁贵行军至此，只见一片冰川雪域，地势万分险要。薛仁贵分析判断：如果吐蕃军从河口而来，必先进驻乌海城以逸待劳，这样即使不用开战，唐朝大军也会被高原反应、严寒和饥饿击垮，因此必须速战速决，尽快拿下乌海城。

薛仁贵对郭待封说："乌海地势险要，路途遥远，辎重车辆很难行动，如果带着全部粮草进军，必将延误战机。我看此地十分险要，易守难攻，非常适合屯驻军队，现给你留下2万人马，你要凭险设置营栅，构筑工事，守住粮草。我乘敌军主力尚未到来之际，率主力轻装进袭乌海城，大破敌军之后再通知你前来会合。"薛仁贵率唐军主力倍道兼行，在河口与1万多人的吐蕃先头部队遭遇。吐蕃军猝不及防,大败,伤亡甚众,损失牛羊万余头。薛仁贵乘胜西进,一举进占乌海城,然后派一支军队返回大非川接应郭待封。

/ 粮草被截　唐军兵败大非川 /

却说郭待封在大非川拒险坚守,连日不见一名吐蕃兵,遂产生懈怠心理,也不等薛仁贵从前方传来将令,便提前督运粮草辎重向乌海进发。由于道路艰险难行,再加上士兵高原反应严重,因而行军速度极慢。

再说钦陵率领20万吐蕃主力来到河口,听说先头部队已经全军覆没,不免惊异于薛仁贵行军神速,又听说薛仁贵率领的全是轻装部队,于是断定唐军粮草一定尚在后方。

此时,摆在钦陵面前有两条路可走:一是前往乌海城进攻唐军主力,二是前往大非川方向截取唐军粮草。这两条路都存在风险。如果选择前者,薛仁贵已经占有乌海,以逸待劳,吐蕃很难取胜,但不攻乌海城,薛仁贵则有可能直捣逻娑;如果选择后者,大非川地势险要,郭待封凭险拒守,一旦薛仁贵回援,两面夹击,吐蕃军就会处于险境,但不取唐军粮草,一旦唐军主力与后勤部队会合,则吐蕃军处境将更为不利。

钦陵权衡再三,最终决定攻取唐军粮草:唐军只要断粮,就会不战自败,薛仁贵也绝不可能在没有粮食保障的情况下向逻娑进军。

郭待封的后勤部队自然不是钦陵大军的对手。唐军大败,粮草尽失,郭待封引残兵返回大非川。薛仁贵得知唐军粮草被劫,自知大势休矣,也不敢在乌海城驻留,率军退守大非川。

钦陵又调集吐谷浑军20万人,与吐蕃军合兵一处,共计40余万人,向大非川发起猛攻。唐军虽然在人数上处于劣势,但由于断粮绝援,身处死地,只能拼死以战,因而人人奋勇杀敌,顽强抵抗。吐蕃军虽然在人数上占有绝对优势,且是主场作战,但在作战经验上远远逊于唐军。这场战斗进行得异常惨烈,双方都损失惨重,最后不得不停战约和。薛仁贵率残部返回唐境。

大非川之战是唐朝开国以来边疆作战中最大的一次失败。吐蕃凭此战一跃成为与大唐分庭抗礼的西部强邻，吐谷浑成了吐蕃别部，唐朝则被迫将安西都护府东迁。直到20多年后武则天当政时期，唐朝才彻底击败吐蕃，恢复了安西四镇。

断粮惨守：张巡睢阳守卫战气吞山河

□ 王宝琦

公元755年，安史之乱爆发。叛军在以主力进攻长安的同时，另派一支军队南下向江淮地区推进。此时，一个很不起眼的地方官——真源县令张巡主动扛起了抗击叛军的义旗，掀开了惨烈的睢阳守卫战。40年后，韩愈如此评论这段历史："守一城，捍天下，以千百就尽之卒，战百万日滋之师，蔽遮江淮，阳遏其势，天下之不亡，其谁之功也？"

* * *

唐天宝十四年（公元755年）11月，安史之乱爆发。叛军在以主力进攻长安的同时，另派一支军队南下向江淮地区推进。谯郡（今安徽亳州）太守杨万石、雍丘（今河南杞县）县令令狐潮闻风而降，江淮门户洞开。

此时，一个很不起眼的地方官——真源（今河南鹿邑）县令张巡主动扛起了抗击叛军的义旗，掀开了惨烈的睢阳守卫战。

/ 救国有责　守卫雍丘 /

公元756年3月，令狐潮率领4万叛军向雍丘开进。真源县令张巡得知后，打开真源县府库，招募了上千名勇士，火速赶往雍丘。当张巡赶到雍丘时，单父县（今山东单县）县尉贾贲也带着一支队伍赶来支援。于是，两人合兵一处，共同守卫雍丘。

不久，令狐潮率领叛军来到雍丘城外。张巡组织军民加强防守，与叛军相持两个多月后，城内开始缺粮。

恰好令狐潮为安禄山筹集的几百船粮食即将路过雍丘，张巡计划夺取这批粮食。

当天夜里，张巡在城南设置营垒，大造声势，佯装向敌军进攻。令狐潮摸不清张巡底细，以为有唐朝援军到来，遂率军倾巢而出，前来迎敌。张巡安排人与叛军周旋，自己带人偷偷来到河边，换上叛军的衣服，抢了上千斛粮食，其余的全部放火烧掉。令狐潮看见河边起火，知道上当，慌忙率军去救，结果被张巡沿途埋伏的人马杀得大败。

雍丘城内的粮食得到了补给，但烧饭的木材又开始短缺。一日，令狐潮来到城下对张巡说："现在长安已经失守，皇上也逃到成都去了。而你却在此苦守这样一座孤城，到底是为了什么？"张巡慢慢地说："你无非就是想得到雍丘城，好去安禄山那里讨赏。那好，你领兵后退60里，让我带着军队安全逃走。这样，你就可以轻而易举地占有此城了。"令狐潮不知是计，果真带兵后撤。张巡带领士兵来到城外，拆掉废弃的房屋，搬回木头，既解决了无柴烧饭的问题，又加固了城防。

就这样，张巡在雍丘与叛军斗智斗勇，一共打了大小300多仗，歼敌上万，俘虏2000多人，相持8个多月，拖延了叛军进攻江淮的时间。

12月，雍丘东北的鲁郡、东平、济阴三郡相继落入叛军手中。叛军又乘胜进攻雍丘以东的睢阳（今河南商丘）。睢阳位于汴河沿岸，是联结关中与江淮的交通枢纽，战略地位极不一般。一旦睢阳有失，叛军将长驱南下，战火就会烧至江南。于是，张巡决定放弃雍丘，退守睢阳，阻止叛军南下。

/ 退守睢阳　保卫江淮 /

张巡率3000人的军队赶到睢阳。睢阳太守许远正领兵与叛军在城外激战，张巡立即投入战斗，将叛军击败。

张巡进入睢阳城，两军合计6800人。

许远知道张巡用兵才能胜过自己，就让张巡负责军中大事，自己负责筹集粮草、整修器械工作。

公元757年正月，叛军将领尹子奇率领妫、檀、同罗、奚兵马共13万人向睢阳发起猛攻。面对20倍于己的叛军，张巡毫不畏惧，率领守军奋勇杀敌。

每次作战，张巡都身先士卒、带头冲锋，而且张巡精通兵法、善于用兵，因而睢阳军队虽少，但战斗力却十分强大，从正月到7月，共杀敌数万，还射瞎了敌帅尹子奇的一只眼睛。

原先，许远在睢阳城中筹集了6万石粮食。河南节度使李巨命他分一半给濮阳和济阴二郡。许远开始坚决不同意，但上命难违，最终让两郡运走了3万石粮食。但令人痛惜的是，濮阳郡得到粮食不久城池就被叛军攻破，而济阴郡一得到粮食就开城投降了叛军。

进入8月，睢阳城开始缺粮，将士每天只有少量米可吃，还得夹杂着茶纸和树皮，军队战斗力缺乏，伤亡很大，最后只剩下1600人。而城外的叛军却粮道畅通，兵源充足，战斗力不断增强。张巡不敢再出城作战，只能严防死守，等待援兵。

有一次，张巡在城墙上巡察，看见叛将李怀忠正在城下，就问他在叛军中待了多长时间，祖上是否为官。

李怀忠一一作答。张巡说："你世代为朝廷官员，食大唐俸禄，为何要跟随叛贼，与国家作对呢？"李怀忠说："我以前做朝廷将领，也曾奋勇杀敌，最后兵败被俘，不得已才投降了叛军。"张巡说："叛贼虽然现在势大，但终究要被平定。到时你的父母妻儿将难免被杀，难道你就忍心吗？"李怀忠听后悲伤不已，默默离去。不久，他就带领数十人背着粮食前来投降。在张巡的攻心战术下，像这样投降的先后有200多人。

/ 粮尽城亡　残阳如血 /

9月，张巡派骁将南霁云突围去临淮搬救兵。临淮驻军将领贺兰进明不但不发兵，反而想把南霁云留在自己军中，于是摆下丰盛的酒席，对南霁云说："如果我现在发兵去救睢阳，可能救兵还没有到，睢阳已经失守了。

将军不如就留在我的军中吧。"南霁云虽然饥肠辘辘,但一口也吃不下。

他向贺兰进明保证睢阳一定不会失守,并再三恳求发兵相救,但贺兰进明始终无相救之意。南霁云忍不住发怒道:"我突围出来时,睢阳城中已经一个月没有粮食了!睢阳守军无粮却知道守城御敌,而你同为大唐之臣,手握强兵,粮草充足,却坐视不救,我真为你感到羞耻!"南霁云又飞奔到宁陵,宁陵城使廉坦借给他3000骑兵。南霁云带领这3000骑兵返回睢阳,在城下与叛军厮杀一场后,只有1000人进入城内。

10月,叛军仍然围城不走。有人建议放弃睢阳,向东撤退。张巡与许远商议后对大家说:"睢阳是江淮的屏障,一旦失守,则江淮难保。况且我们的将士因为饥饿和疾病已经十分虚弱,想撤退也走不了。现在,距睢阳不远的谯郡和彭城都有唐朝驻军,只要我们咬牙坚持住,朝廷一定会派兵来救援睢阳。"但是,周围的唐朝驻军都与贺兰进明一样,只顾拥兵自保,没有一家前来救援。

很快,城内彻底断粮了。将士们只好吃树皮,树皮吃光后,被迫宰食战马,战马吃尽,就捕捉鸟雀和掘地鼠来吃,但仍然无法满足每日所需。

在这种情况下,为了保证将士的战斗力,睢阳城内终于发展到了吃人的悲惨境地。最后全城只剩下400人。

10月9日傍晚,睢阳城笼罩在如血的残阳之中。叛军终于爬上城头,守城将士全部殉难。

40年后,韩愈评论这段历史说:"守一城,捍天下,以千百就尽之卒,战百万日滋之师,蔽遮江淮,阻遏其势,天下之不亡,其谁之功也?"而对于睢阳城内吃人的惨烈历史,我们只能祈祷:悲剧莫再重演。

缺粮少兵，唐德宗贸然削藩引战乱

□ 王宝琦

安史之乱后，唐朝对于藩镇失去了控制。各镇拥兵自重，独霸一方，形成割据局面。德宗继位后，决意削藩，引起激烈反抗，不仅国家为此付出了巨大代价，自己也差点被饿死在奉天。

* * *

安史之乱后，唐朝对于藩镇失去了控制。各镇拥兵自重，独霸一方，形成割据局面。肃宗、代宗两朝对此无能为力，只能默认。

德宗继位后，决意削藩，引起激烈反抗，不仅国家为此付出了巨大代价，自己也差点被饿死在奉天。

/ 张伾卖女守临洺 /

公元780年，刚刚继位的唐德宗想干一番轰轰烈烈的大事，于是分派11名钦差大臣巡察藩镇。看到魏博节度使田悦拥兵太重，命其裁军4万，只留3万。田悦表面答应，但并不执行。

公元781年，成德节度使李宝臣死，其子李惟岳私自继承一切军政大权。田悦想利用这个机会试探一下朝廷削藩的决心，遂与山南东道节度使梁崇义等联名上书，请求给予李惟岳正式任命，结果被德宗拒绝。田悦等人感到朝廷削藩决心已定，遂决定联兵抗衡。

5月,田悦亲率大军数万围攻临洺(今河北永年)。梁崇义、李惟岳也分别于襄阳、成德(河北正定)同时起兵。德宗命河东节度使马燧、神策军将领李晟等率军救临洺,淮西节度使李希烈讨伐梁崇义,幽州留后朱滔讨伐李惟岳。

却说临洺守将张伾组织军队抵抗田悦,坚守数月,粮钱耗尽,伤亡很大,军心动摇。当时叛军进攻猛烈,城池即将不保。张伾将爱女打扮一番,带出来拜见众将,说:"大家坚守临洺,非常辛苦。现在府库已空,我家里也没有什么值钱的东西,就让我把这个女儿卖掉,好为大家筹措一天的守城费用!"众将深受感动,哭着说:"我等随将军守城抗贼,皆出于心甘情愿,非为谋求战功和奖赏。"张伾说:"既如此,各位随我出城杀敌,生死在此一举。"张伾率领数千骑兵突然冲出城外,叛军毫无准备,被打得大败。张伾军少,不敢恋战,抢得一些粮食便返回城中。

不久,马燧等人率大军赶到。田悦大败,损军上万,连夜逃向卫州(今河南新乡)。临洺之围遂解。

/ 马燧粮少败田悦 /

马燧率军乘胜追击,与叛军隔洹水(今河南安阳河)对峙。

此时马燧军中粮少,每名士兵只有10日口粮。田悦坚守不战,欲待马燧粮尽退兵。众将劝马燧暂缓进军,就地待援。马燧反而架起3座浮桥,领兵渡河,背水列阵,每日派人到田悦营前挑战。田悦仍然坚守不出。

夜里,马燧让100名士兵在营中点亮火把,击鼓吹角,大造声势,迷惑田悦;自己则亲率主力,返渡洹水,朝魏州(今河北大名)方向奔去。当军队行进10里后,马燧命令停止进军,调转行军方向,割掉前方500米之内的杂草,作为战场。留下的100名士兵等马燧率主力渡河以后,就偃旗息鼓,鸦雀无声,偷偷埋伏在暗处。田悦感到异常,派人打探,发现马燧率主力朝魏州而去。魏州是田悦的老巢,田悦不得不救,于是率全军4万多人渡过浮桥火速追击。

等叛军快到时,马燧突然发起进攻。田悦没有准备,立时大败。此时洹水浮桥已被马燧留下的100名士兵烧毁,田悦无法返回,只带1000多人向魏州逃去。

战后，有人问马燧："我军粮草短缺，将军反而率军深入敌境，又能取胜，这是为什么？"马燧说："粮食短缺激发我军将士速战速决的决心，同时又引诱敌军出战，这正是取胜的关键。"

/ 犒赏失当引兵乱 /

在马燧打败田悦的同时，李希烈也打败梁崇义，一举攻下了襄阳；朱滔在进攻李惟岳的时候，李惟岳军中发生内乱，部将王武俊谋杀李惟岳并投降了朝廷。

一场危机暂告平息，德宗为了根除藩镇割据的后患，在论功行赏时，对朱滔、王武俊只给予节度使的空衔，想借此收回二人的兵权。朱滔和王武俊对此极为不满，不但拒不交权，反而与田悦勾结，再次起兵作乱。

李希烈攻占襄阳后实力大增，见朱滔、王武俊造反，也乘机对抗朝廷，发兵攻打襄城。

公元783年10月，德宗命泾源节度使姚令言领兵救援襄城。姚令言领5000兵入京辞行。当时正下大雨，天气十分寒冷。士兵听说可以得到丰厚的赏赐，都拖家带口而来。结果，朝廷不但未给任何赏赐，送来的食物也只有粗米和素菜。士兵们愤怒至极，踢翻了犒劳品，说："我们这些人替皇帝平乱，即将死于两军阵前，皇帝却让我们连肚子都吃不饱，难道我们的命就这样不值钱吗？听说皇宫的仓库内藏满了金银财宝，不如咱们自己去取吧！"于是，士兵们摇旗呐喊，直奔京城而去。

姚令言急忙阻止："大家千万不要这样做！现在我们东征李希烈，只要打了胜仗，何愁不能富贵？为什么要去做这种诛灭九族的事情呢！"士兵们根本不听劝告，用兵器簇拥着姚令言冲向皇宫。

德宗听说士兵哗变，忙召禁军护驾。但禁军将领白志贞招募的士兵全是市井富户，他们只挂军籍、吃空饷，很少来军中报到，这阵子有些人还在大街上做买卖呢。情急之下，德宗带着部分官员向奉天（今陕西乾县）仓皇逃去。

乱兵杀进宫内，日夜不息地抢夺府库内的财物，最后拥立原幽州、卢龙节度使朱泚为首领。一场规模更大的战乱又将来临。

削藩粮尽兵钝　晚唐藩镇割据

□ 王宝琦

连年旱蝗灾害，国家的粮食和物资十分匮乏，户部已经很难为马燧的军队征集到充足的粮草。于是有人建议赦免李怀光，结束战争。德宗饱尝战乱之苦，也有此意。

* * *

藩镇割据严重损害了皇帝的权威，唐德宗决定扭转这一局面。然而帝国已经僵化的制度和日益空虚的粮仓，使他不但未能实现削藩的愿望，反而招来了更多战乱。

公元783年10月，泾源兵乱，德宗仓皇逃往奉天。朱泚乘机获得兵权，并自立为帝，带兵攻打德宗。

/ 德宗饥惶守奉天 /

朱泚是朱滔的哥哥，原任幽州、卢龙节度使。因朱滔反叛，朱泚被德宗软禁在京城的私宅内。泾源兵赶走德宗后，把朱泚从家中迎进宫内，拥立为首领。不久，朱泚原来的部下也相继从外地赶到京城。朱泚手中的军队越来越多，终于禁不住龙椅和后宫佳丽的强烈诱惑，自立为帝，国号大秦，任命姚令言为大元帅，发兵围攻奉天。

却说德宗逃到奉天后，只有神策军将领浑瑊等带着少量军队从附近赶来护驾。奉天被围月余，城内粮食物资断绝。德宗想知道城外的情况，就命一名腿脚灵便的士兵出城打探。

那人说天气寒冷，请赐他一件棉衣，德宗命人找了半天也没找到。连衣服都如此短缺，吃的就更不用说了。浑瑊趁夜间敌军休息，偷偷把人用绳索吊到城外，去采集蔓菁献给皇帝。

朱泚得知奉天城内缺粮，难以坚守，遂加紧攻城，奉天危急万分。德宗把上千个官职的任命状交给浑瑊，让他临阵激励士卒，对敢于舍命杀敌者，即刻火线提拔。但由于寡众悬殊，就算有高官厚禄的激励，官军仍然无法抵挡叛军的进攻，叛军已经有人爬上城墙与守军展开了肉搏。德宗绝望地对浑瑊哭道："朕可能活不过今日了！"就在这千钧一发之际，邠宁节度使李怀光、神策军将领李晟率大军即时赶到。形势立即逆转，朱泚大败，领兵回保长安。

/ 怀光粮断走河中 /

公元783年12月，各路勤王的军队陆续赶到奉天，德宗命令李怀光、李晟、李建微、杨惠元各领四路兵马收复长安。各军驻扎于咸阳，皆受李怀光节制。李怀光军队最多、实力最强，看到德宗四面楚歌，朝不保夕，于是也萌生了反叛之心，不但不攻长安，反而想吞并另3支军队。

李建微、杨惠元军队数量较少，力量最弱，李怀光要将其吞并倒不在话下，但李晟是一块难啃的骨头，不仅是因为他统领的神策军纪律严明、战斗力强，而且李晟本人足智多谋、极善用兵。

当时，神策军属于皇帝禁军，粮草供应优于其他军队。李怀光就利用这一点向德宗上书，称同样是靖难的军队，粮草供给就当一视同仁，要求削减李晟军队的粮草，想以此激起神策军将士不满，然后乘机兼并李晟的军队。

德宗命宰相陆贽把二人召集到一起商讨此事。李晟说："既然李怀光是四路军队的总指挥，那就请他来定夺吧！"这等于把球又踢给了李怀光。李怀光当然不愿承担夺人军粮的恶名，因为如果他这样做，不但不能实现吞并神策军的图谋，反而会招来神策军将士的痛恨。

于是，夺粮之事就此罢休。

李晟察觉到李怀光将要反叛，便把军队从咸阳移到东渭桥驻扎，摆脱了他的控制。李晟离开后，李怀光果然吞并了另外两军，反叛之心昭然若揭。

德宗下旨削去李怀光所有官爵，并断绝其粮草供应，同时加封李晟为宰相。李怀光反叛本来就不得人心，加上粮食缺乏，手下很多将领都投奔了李晟。李怀光控制的军队日渐减少，已经无力和李晟对抗，于是领兵东撤，一路抢掠向河中（今山西一带）奔去。

李晟集结各地来京勤王的军队，一举收复了长安。朱泚和姚令言在逃跑途中被手下人杀死。

/ 马燧剿灭李怀光 /

公元784年7月，德宗命令马燧、浑瑊领兵讨伐李怀光。李怀光节节败退，所控制的地方不断缩小，粮食供应非常紧张，加上手下将领不断有人逃跑，军心涣散，不得已又向德宗上表谢罪，请求赦免。他还从各地搜刮了一批财物，打算等朝廷撤军后立即入贡。

当时，连年旱蝗灾害，国家的粮食和物资十分匮乏，户部已经很难为马燧的军队征集到充足的粮草。于是，有人建议赦免李怀光，结束战争。德宗饱尝战乱之苦，也有此意。

马燧听说后，急忙从河中前线赶回长安，对德宗说："李怀光逆天而行，作恶太多，如若赦免，天下难服！请再给我1月军粮，我定当剿灭叛军！"李晟也进言说："现在河中1斗粮食卖500钱，是关中的5倍，牲口没有草料，人没有饭吃，况且李怀光手下能征善战的大将很多已经离他而去，剩下的也都被他杀掉了，只要再将其围困10天，叛军就会不战自乱。如果户部拨不出粮草，我愿意领兵2万，自备粮食，讨伐李怀光。"德宗听他们分析得有道理，便允许马燧继续进兵。马燧返回前线，仍然用兵围困。李怀光自知难保，畏罪自杀。

平定李怀光之后，德宗已经无力再平定其他藩镇了，于是采取妥协之策，颁旨承认田悦、王武俊、朱滔、李希烈等人的节度使地位及其占领的地盘。田悦等人达到了目的,也就上表谢罪,给足德宗面子。一场轰轰烈烈的削藩行动,经过5年战乱,耗费钱粮无数,最终以朝廷的妥协宣告结束。

粮源不稳，黄巢败亡在所难免

□ 王宝琦

毛泽东评价黄巢起义，认为其失败的主要原因在于流寇作战。起义军只攻不守，连洛阳、潼关这样的战略重地也不留一兵一卒，始终没有建立稳固的根据地，从而也就没有稳定的粮食来源，失败也就无法避免。

* * *

唐朝末年，黄河下游及江淮地区水旱灾害连年不断，百姓成批饿死，大量难民沦为盗贼，而各级官吏只管横征暴敛，中饱私囊，对百姓疾苦不闻不问，导致社会矛盾日益激化。公元874年，濮州（今山东鄄城）人王仙芝、曹州（今山东菏泽）人黄巢聚众起义。公元878年，王仙芝在黄梅兵败战死，黄巢率领义军南下广州，积蓄力量。

/ 僖宗缺粮少兵　黄巢攻破潼关 /

公元880年7月，黄巢率大军从广州北上，一举攻下了东都洛阳，兵锋直指长安的门户——潼关。

兖州节度使齐克让收集万余残兵退守潼关，并上奏朝廷："我部士卒屡战贼兵，粮食极缺。潼关以东各州久经战乱，人烟荒芜。我军得不到粮食补给，将士饥寒交迫，潼关旦夕不保。乞请朝廷早运粮草，速派援军！"唐僖宗慌了，命左将军张承范率领2800名神策军火速驰援。

神策军的士兵都是长安城内的富家子弟，依靠向宦官行贿进入皇家卫队，只在军中挂名领取报酬，平日里穿着华丽的服装、骑着高头大马在大街上抖威风，从未打过仗。此时听说要出征，许多人就花钱雇佣贫民和乞丐代替，雇佣来的人连兵器都不会拿。

11月25日，唐僖宗亲临长安东门为张承范送行。面对满眼期待的僖宗，张承范心情沉重地说："黄巢率10万大军进攻潼关，齐将军领1万饥饿的士兵在关外拒敌，臣将率这支军队（这是一支什么军队呀，张承范心里清楚）在关上屯驻，有决心有信心为陛下抵挡黄巢。但是陛下看到了，齐将军的军队已经断粮，臣的军队也没有粮食供应。不过军情紧急，臣先行一步，务请陛下早日将粮草运来。"僖宗拉着张承范的手说："爱卿就放心去吧，粮食会有的。"其实哪有什么粮食啊。在张承范出发前，僖宗曾命京兆尹萧廪转运粮草，但萧廪清楚全国应该征收的税赋早已征完，上哪儿弄粮食去呢？除非加重税赋，但这样做，弄不好连长安的百姓也会造反。萧廪推说有病，满朝文武也无人能担此任。

11月27日，张承范路过华州（今陕西华县），想在那里补给一些军粮。但打开华州府库，里面只有几只老鼠。幸好一个小粮仓内还有一些粮食，军士们每人带了3天口粮继续赶路。

12月1日，张承范赶到潼关。结果毫无悬念——潼关失守。

12月5日，僖宗在一群宦官的簇拥下，一路狂奔向成都而去。

/ 长安数次易手　百姓横遭兵祸 /

公元881年1月，黄巢进入长安，实现了他"冲天香阵透长安，满城尽带黄金甲"的夙愿。黄巢对僖宗的三宫粉黛照单全收，过起了逍遥的皇帝生活，完全失去了继续进取的决心和斗志。起义军缺乏军纪，士卒经常闯入百姓家中抢掠，黄巢对此不加管制。

再说僖宗到达成都后，对各地节度使加官晋爵，命他们自行招兵买马，围剿起义军。4月，第一批奉命围剿的5路官军包围了长安。

其实，这5路官军都是临时凑在一起的乌合之众，根本没有什么战斗力。但黄巢误以为是唐朝大军来到，遂慌忙撤出长安，准备向东转移。官军进入长安后,居民十分高兴,纷纷出来迎接,欢呼声响彻云霄。但老百姓万万没有想到,官军对他们的抢掠比起义军更甚:乱兵争相闯入民宅,掠取金帛,抢夺姬妾,长安城内一片混乱。黄巢打探到城内官军号令不齐,也无援军,于是又领兵杀了回来。

官军因为抢掠太多,负重难行,被黄巢军杀得大败。黄巢二进长安后,对民众协助官军相当愤怒,于是纵容士兵大肆屠杀,长安城血流成河。

经过数次抢掠,长安陷入一片萧条,粮价飞涨,一斗米值30000钱(安史之乱时长安最高粮价是"米斗百钱"),起义军一度到了吃树皮度日的地步。黄巢派大将朱温前往同州(今陕西大荔)筹粮。朱温在同州劫得官军粮船30艘,准备运往长安,但很快又遭到官军包围。朱温多次突围无果,派人向黄巢求救又无音讯,最后投降了官军。

公元883年春,唐朝起用沙陀将领李克用围剿黄巢。李克用攻克了起义军控制下的同州和华州,对长安形成合围之势。黄巢派出抵抗的军队都被打败,长安成了一座孤城,粮食全部耗尽。4月8日,黄巢一把火烧了皇宫,率起义军向陈州(今河南淮阳)逃去。

/ 黄巢陈州断粮　起义失败告终 /

黄巢集中兵力猛攻陈州。陈州守将赵犨在城外布置了5重堑壕,均被黄巢军攻破,城内军民十分恐慌。赵犨对大家说:"陈州城池坚固,粮草充足,陈州军向来以勇敢闻名,只要大家齐心协力,定能战胜贼兵。"赵犨数次带领精锐骑兵出城进攻黄巢军,并取得胜利,更加坚定了军民守城的决心。黄巢在攻打陈州时损失了几员大将,又见陈州久攻不下,十分震怒,于是在陈州北面建立行营,设立百官,准备长期围困。

当时天下经过多年灾荒和战乱,民间没有粮食积蓄。黄巢的军队没有粮食来源,只能纵容士兵四处抢掠,河南所有州县几乎都遭到黄巢军队的侵扰。史书对其筹集军粮的描写更是令人毛骨悚然:数百(一说3000)巨碓,同时开工,成为供应军粮的人肉作坊,流水作业,日夜不辍;将活生生的大批乡民俘虏,无论男女,不分老幼,悉数纳入巨舂,顷刻磨成肉糜,并称之为"捣磨寨"。

黄巢围攻陈州接近300天，与赵犨激战几百次，始终未能将陈州攻克。

不久，李克用调集人马向黄巢杀来。黄巢大败，急率人马向汴州转移。

李克用率骑兵紧追不舍。黄巢一路向东败退，沿途不断有人逃跑投敌，最后只剩下1000多人。6月15日，黄巢退入狼虎谷，于绝望中自杀身亡。就这样，轰轰烈烈的大起义以失败告终。